演奏者が魅力を紹介！

楽器ビジュアル図鑑 **4**

打楽器・世界の楽器
ティンパニ　馬頭琴ほか

監修 国立音楽大学／国立音楽大学楽器学資料館　編 こどもくらぶ

はじめに

楽器は、はるか昔から現在に至るまで、実用や音楽演奏のために世界各地でつくられ、進化してきました。

それぞれの楽器は、形や構造、材質にさまざまな工夫がされていて、耳できくだけでなく、目で見ることでわかるおもしろさもたくさんあります。

このシリーズは次のように6巻にわけ、たくさんの写真をつかって世界と日本のさまざまな楽器の魅力にせまるように構成してあります。

1 弦楽器・鍵盤楽器　バイオリン　ピアノ　ほか
2 木管楽器　フルート　サクソフォン　ほか
3 金管楽器　トランペット　ホルン　ほか
4 打楽器・世界の楽器　ティンパニ　馬頭琴　ほか
5 日本の楽器　箏　尺八　三味線　ほか
6 いろいろな合奏　オーケストラ　吹奏楽　ほか

なお、このシリーズの特徴は次のとおりです。

- 小学校4年生〜中学校の音楽・器楽の教科書に掲載されている楽器を中心に紹介。
- 楽器の写真を大きく見開きで見せ、さらにユニークな構造部分をクローズアップして説明。
- 代表的な楽器は、音が出るしくみを図や写真でわかりやすく紹介。
- 演奏姿勢やアンサンブルなどの写真をたくさん掲載。
- それぞれの楽器の演奏者に、楽器の魅力をインタビュー。

もくじ

打楽器ってなに？ …………… 4
ティンパニ 6
小太鼓 8
大太鼓 9
ドラムセット 10
マリンバ 12
ビブラフォン 13
演奏者に聞いてみよう！（打楽器）………… 14
打楽器のなかまと歴史 ………… 16

世界の楽器の見方、きき方 ………… 18
世界の楽器の活用と変化 ………… 20

笙のなかまたち 22
カンリン 23
ズルナ 24
バンドネオン 25
バグパイプ 26
ディジュリドゥ 27
二胡（アルフー） 28
カヤグム 29
ヴィーナ 30
ウード 31
ハーディ・ガーディ 32
ダルシマー 33
演奏者に聞いてみよう！（馬頭琴）………… 34
ビリンバウ 36
口琴 37
ピョンギョン 38
ラメラフォーン 39
バラフォン 40
ウォッシュボード 41
スティールパン 42
ダラブッカ 43
演奏者に聞いてみよう！（タブラー・バーヤーン）………… 44
ジャンベ 46
カズー 47
クイーカ 48
テルミン 49
サムルノリ 50
ガムラン 51
メフテル 52
フォルクローレ 53
さくいん………… 54

この本のつかい方

この本では、打楽器・世界の楽器について、楽器紹介、「演奏者に聞いてみよう！」「なかまと歴史」などの項目にわけ、紹介しています。

● 英語表記
括弧内は譜面などにつかわれる代表的な略記号です。

● 各部の名前
楽器の重要な部分の役割を知ることができます。

● 楽器の名前

● 楽器の写真
写真を大きく掲載。楽器のひみつをクローズアップします。

● 演奏方法
楽器の構え方の基本や音を出すときのコツを紹介しています。

● 世界の楽器の分類（→p19）とその楽器がつかわれている地域または国

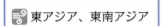

● 世界の楽器のアルファベット表記
地域によってよび名が異なる場合は、代表的なよび名（括弧内は国名）を紹介しています。

● もっと知りたい
各項目についてよりくわしい内容や関連することがらを紹介しています。

民俗音楽
民族音楽

この本では民俗音楽と民族音楽とに言葉をつかいわけてあります。「民俗音楽」は、ある地域や国の人びとの日常生活の中の音楽文化をさし、「民族音楽」は、ある地域や国ぐにの古典音楽、宗教音楽、民俗音楽、ポピュラー音楽などをふくむ、より幅広い音楽文化をさします。

● なかまと歴史
昔の楽器やなかまの楽器を写真で紹介しています。

● 演奏者に聞いてみよう！
演奏者に楽器の魅力やおすすめの曲をインタビューしています。

※ この巻では、1～3巻のように各楽器の音域を五線譜で示していません。五線譜は西洋のおもにクラシック音楽のための記譜法なので、世界の楽器の音を示すのには適していません。世界の楽器では五線譜では示せない音の高さをつかうこともよくありますし、また一度出した音を変化させたりしたときには五線譜であらわしきれないことがあるからです。

打楽器ってなに？

打楽器は、「たたく」「打つ」「振る」などして音を出す楽器です。マリンバやティンパニなどのように一定の音律＊を持つものと、大太鼓・小太鼓・トライアングルなどのように音律を持たないものにわけることができます。また、楽器自体が振動して音を出す「体鳴楽器」と、張られた皮が振動して音を出す「膜鳴楽器」にわけることもできます。

＊ 音の調子、高さ。たとえば譜面で書くときにト音記号やヘ音記号でドレミファソラシドが割り当てられるものは音律があるもの、リズムのみで音の高さが書かれないものは音律がないものとされる。

音律あり／体鳴楽器

マリンバ 12ページ

ビブラフォン 13ページ

写真提供：ヤマハ株式会社

音律あり／膜鳴楽器

ティンパニ 6ページ

写真提供：ヤマハ株式会社

音律なし／体鳴楽器

カスタネット 11ページ

トライアングル 11ページ

シンバル 11ページ

写真提供：ヤマハ株式会社

◆打楽器の分類

	音律あり	音律なし
体鳴楽器	マリンバ ビブラフォン	トライアングル カスタネット シンバル
膜鳴楽器	ティンパニ	小太鼓 大太鼓 タンブリン

写真提供：ヤマハ株式会社

打楽器を演奏するときに用いられるばち。楽器によって、材質やかたさなどが異なる。

音律なし／膜鳴楽器

大太鼓 9ページ

小太鼓 8ページ

タンブリン 11ページ

写真提供：ヤマハ株式会社

写真提供：ヤマハ株式会社

Timpani (Timp.)

ティンパニ

ティンパニはほかの太鼓と異なり、音の高さを調節できるのが特徴です。オーケストラでは打楽器パートの一部としてつかわれるだけでなく、協奏曲の主役として活躍することもあります。

■ 音程の変化は、皮膜の張り具合

ティンパニの歴史は古く、古代ギリシャ人がつかっていた打楽器「ティンパノン」が語源と考えられています。現在のティンパニの原形となる太鼓は、15世紀ごろにアラブからヨーロッパに伝わりました。金属（おもに銅）でできた丸底の胴（ケトル）に皮膜（ヘッド）を張り、その皮膜を張る強さを変えることにより、音の高さを変化させます。かつては音の高さを変える際は、ネジを手でまわして皮膜の張り具合を調節していました。しかし20世紀に入ると、足でペダルを踏んで音の高さを変える「ペダル式ティンパニ」が登場し、より演奏しやすくなりました。

ヘッド
ケトルに張られた皮膜の部分。動物の皮をつかったものと、プラスチック製のものがある。

サスペンションリング
ケトルの周囲に取りつける金属の輪。ケトルが十分に振動するよう、ケトルをしっかりとささえて宙づりにする。

ケトル
ティンパニの胴の部分。底が角形のヨーロッパ型と、半球状のアメリカ型がある（写真はアメリカ型）。

チューニングロッド
ペダルの動きをヘッドに伝える長い棒。ケトルの周囲に取りつけられたフレームの中に組みこまれている。

クローズアップ　ティンパニのひみつ

　ティンパニは胴の大きさによって出せる音域が異なるため、異なるサイズのものを2～5台ならべ、それぞれちがう音が出るように調節して使用します。ペダル式ティンパニの場合、ペダルを踏むほどにシャフトが伸びヘッドが張って音が高くなり、ゆるめると張りが弱くなって音が低くなります。

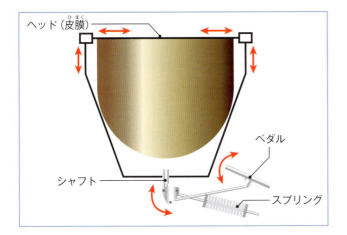

演奏方法

　演奏者の周囲に大きさのちがう2～5台のティンパニをならべて置き、両手に持ったマレット（ばち）でたたきます。ならべ方にはアメリカ式とドイツ式の2種類があり、アメリカ式は、左から右に向かって音が高くなるように、ドイツ式はその逆にならべます。ヘッドは真ん中ではなく、手前側の縁のあたりをたたきます。

写真提供：ヤマハ株式会社

◆ ティンパニの配置

チューニングペダル
足でペダルを踏みこんだり、ゆるめたりすることで音の高さを変える。

写真提供：ヤマハ株式会社

小太鼓

Snare Drum (S.D.)

小太鼓は、「スネアドラム」ともよびます。オーケストラや吹奏楽、マーチングバンドなどでは単体で、ジャズやロック、ポップスなどを演奏するバンドではドラムセット（→p10）の一部としてつかわれます。

■ 高音で華やかな響きが特徴

小太鼓は、打楽器の中でも中心的な役割をになう楽器です。中世のヨーロッパでは「テイバー（Tabor）」とよばれ、軍隊の行進やパレードなどでつかわれていました。当時は太鼓をベルトで腰につけて演奏していましたが、現在はマーチングバンドで使用する場合を除き、専用のスタンドに置いて演奏します。

🔍 クローズアップ　小太鼓のひみつ

小太鼓は、打面とは反対側の皮（ヘッド）に「スナッピー」とよばれる帯状の金属線が取りつけられています。打面をたたくと、その振動でスナッピーがヘッドにふれ、独特の華やかな響きが生まれます。

ヘッド　シェルに張られた皮の部分。直接たたく面をバターサイド、反対側のスナッピーがついている面をスネアサイドとよぶ。

リム　ヘッドをシェルに取りつけるための枠。

シェル　太鼓の胴の部分。金属製のものと木製のものがあり、素材や大きさによって音が変わる。

ストレイナー　スナッピーをヘッドに密着させたり、はなしたりする装置。

写真提供：ヤマハ株式会社

スナッピー（響き線）　ヘッドのスネアサイドに取りつけられた細いコイル状の金属線。

写真提供：ヤマハ株式会社

演奏方法

木製のスティック（ばち）でヘッドをたたいて音を出します。ヘッドとリムを同時にたたく「リムショット」という奏法もあります。ジャズの演奏では、スティックの代わりに細い針金やナイロン線をほうき状にたばねた「ブラシ」もよくつかわれます。

左がスティック、右がブラシ。
写真提供：ヤマハ株式会社

大太鼓(おおだいこ)

Bass Drum (B.D.)

ヘッド — シェルに張られた皮の部分。もともとは動物の皮がつかわれていたが、現在はプラスチック製が主流。

シェル — 太鼓の胴の部分。木製で、木の種類や大きさによって音色が異なる。

スタンド — 大太鼓をのせる台。移動しやすいよう、キャスターがついたものもある。

写真提供：ヤマハ株式会社

大太鼓は、太鼓類の中では最も大きく、低い音が出ます。オーケストラや吹奏楽でつかわれるクラシック用のものは「コンサートバスドラム」とよばれ、ポピュラー音楽でつかわれるドラムセットの中の「バスドラム」と区別されます。

■ 低くて力強い音色が特徴

大太鼓は、紀元前約2500年ごろから存在しており、もともとは宗教的な行事などで利用されていたと考えられています。18世紀ごろにはオスマン帝国（→p52）の軍楽隊でつかわれていたものがヨーロッパ全土に広がり、オーケストラでも使用されるようになりました。曲のテンポに合わせてリズムを刻んだり、旋律が盛りあがるところでたたいて曲にアクセントをつけたりします。専用のスタンドにセットして演奏します。

クローズアップ 大太鼓のひみつ

大太鼓の胴（シェル）は直径が60〜100cmくらいあり、直径が大きいほど低くて大きな音、小さいほど高い音が出ます。また、胴の幅がせまいものは歯切れのよい音、広いものはより深みのある音になります。

演奏方法

「マレット」とよばれるばちでヘッドをたたいて音を出します。演奏者は、大きさや材質が異なるマレットを何種類か用意しておき、そのとき出したい音色が出しやすいものを選んでつかいます。

マレットには、さまざまな材質のものや、ヘッドの大きさがある。

写真提供：ヤマハ株式会社

ドラムセット

Drum Set

ドラムセットは、ロックやジャズ、ポップスといったポピュラー音楽の世界で活躍します。「ドラムス」ともよばれます。大きさのちがう太鼓やシンバルを組みあわせ、両手両足をつかって1人で演奏します。

■組みあわせのバリエーションは無限

ドラムセットが誕生したのは、19世紀末のこと。アメリカに住むディー・ディー・チャンドラーという小太鼓奏者が、ペダルを足で踏んでバスドラムをたたくしくみを考案したのがはじまりといわれています。現在のドラムセットは、太鼓5個とシンバル3個の組みあわせが一般的。しかし、演奏者の好みや音楽のジャンルによって、太鼓やシンバルの数を変えたり、ほかの打楽器を追加したりすることも多く、いろいろな組みあわせがあります。

クラッシュシンバル
ライドシンバルより小さめで軽く、サイドシンバルともよばれる。曲中でアクセントをつけたいときにつかわれる。

ハイハットシンバル
小型のシンバル2枚を、専用のスタンドに向かい合わせに取りつけたもの。おもにリズムを刻む役割をになう。足でペダルを踏んで開閉することにより、スティックでたたいたときの響きを変えることができる。また、たたかずに開閉して音を出すことも可能。

タムタム
小型の太鼓で、バスドラムの上に2個ならべてセットすることが多い。小さめで高音が出る方を「ハイタム」、大きめで低音が出る方を「ロータム」という。

ライドシンバル
大きめのシンバル。ハイハットシンバルと同様、おもにリズムを刻むためにつかう。

フロアタム
最も低い音のするタムタム。床に置く。

バスドラム
低音のバスドラムは、曲のリズムを生みだすのに欠かせない存在。打面の皮（ヘッド）が床に対して垂直になるように置き、手前に取りつけたフットペダルを足で踏んで音を出す。

演奏方法

右足はバスドラムのペダルに、左足はハイハットシンバルのペダルにのせて操作します。両手にはスティックを持ち、おもに左手でスネアドラム、右手でハイハットシンバルをたたきます。

スネアドラム
小太鼓。（→p8）。

写真提供：ヤマハ株式会社

カスタネット／タンブリン／トライアングル／シンバル

カスタネット、タンブリン、トライアングル、シンバルは、クラシックからポピュラー音楽まで、音楽のジャンルを問わず活用されている打楽器です。いずれも音が高めでよく響くので、曲にアクセントをつけたいときなどにつかわれます。

●カスタネット

語源は、スペイン語で「栗」を意味する「カスターニャ」。円形の木片を2枚重ね、木片どうしを打ち合わせて音を出す。スペインの民族舞踊「フラメンコ」では、踊り手がカスタネットを両手に持ってたたきながら踊る。

フラメンコカスタネット
ひもでつないだ2枚の木片を片手にひとつずつ持ち、手の中で打ち合わせたり、左右の手のカスタネットどうしを打ち合わせたりして音を出す。

●タンブリン

円形の枠（胴）に小さなシンバル（ジングルという）を取りつけ、片面に皮を張った打楽器（皮を張らないものもある）。胴を手に持って振ったり、指やてのひらで皮をたたいたり、皮をこすったりして音を出す。

音色はジングルの素材によって変わる。

写真提供：ヤマハ株式会社

●トライアングル

英語で「三角形」の意味。その名の通り鋼鉄の棒を三角形に曲げた打楽器。本体に手がふれていると音が響かないので、ひもや金具につるした状態でたたく。

ビーター
トライアングルをたたくための専用の金属棒。

写真提供：ヤマハ株式会社

●シンバル

華やかな響きが特徴で、オーケストラや吹奏楽では曲にアクセントをつけたり、盛りあげたりするときによくつかわれる。ドラムセット（左ページ）の構成要素としても欠かせない楽器。クラシックの演奏ではふつう両手に1枚ずつ持ってならす。

写真提供：ヤマハ株式会社

合わせシンバル
シンバルを両手に1枚ずつ持ち、2枚のシンバルをこすり合わせたり、打ち合わせたりして音を出す。

Marimba (Mar.)

マリンバ

マリンバは「音板」とよばれる木の板をピアノの鍵盤と同じ順番でならべ、ばちでたたいて音を出す楽器です。
木琴の一種で、豊かで暖かみのある音色が特徴です。

■ソロ楽器としても大活躍

マリンバは、4〜5オクターブの音域を持っています。オーケストラや吹奏楽でつかわれるだけでなく、ソロ（独奏）楽器としても活躍しています。同じ木琴のなかまにシロフォン（→p17）があります。シロフォンはマリンバよりも音域が高く、音色もかためです。

クローズアップ　マリンバのひみつ

マリンバの音板の下には「共鳴パイプ」とよばれる金属製の筒が取りつけられています。音板をたたくと、その音が共鳴パイプに伝わって増幅され、マリンバ独特の豊かな響きが生まれます。

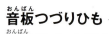
音板つづりひも
音板どうしをつなぐひも。

音板
たたいて音を出す板。音が低くなるほど音板は長く、幅広になる。音色は、音板のどこをたたくかによっても変わってくる。

演奏方法

「マレット」とよばれるばちを、通常は片手に1本ずつ、または2本ずつ持って演奏します。ひとつの音を長く伸ばしたいときは、鍵盤をできるだけ短い間隔で連打する「トレモロ」という奏法がつかわれます。音板の上でマレットを左右に動かし、連続して音をならす「グリッサンド」という奏法もあります。

共鳴パイプ
音板の下に取りつける金属製のパイプ。音板の音程が低くなるとパイプも長くなる。パイプの内側は空洞だが、底は閉じてあり、内部で音板の音を振動させて豊かな響きを生みだす。

写真提供：
ヤマハ株式会社

写真提供：
ヤマハ株式会社

ビブラフォン

Vibraphone (Vib.)

ビブラフォンは、金属製の音板をばちでたたいて音を出す鉄琴の一種です。独特のゆらいだ音色が持ち味で、おもにジャズの世界で活躍しています。

■ 音のふるえが名前の由来

ビブラフォンは、鉄琴や木琴といった音板打楽器の中では一番新しく、1920年代にアメリカで誕生しました。音板の下に金属製の筒（共鳴パイプ）が取りつけられていて、その上端に丸い羽（ファン）がついています。この羽を電気モーターで回転させると、羽が開閉して共鳴パイプへの音の伝わり方が変化し、音がふるえてきこえます。この音のふるえを「ビブラート」とよぶことから、ビブラフォンという名前がつきました。

クローズアップ　ビブラフォンのひみつ

ビブラフォンには、音の長さ（残響）を調整できる「ダンパーペダル」という装置がついています。ダンパーペダルを踏むと、音板に接触している消音装置がはなれ、音が長く響きつづけます。ペダルから足をはなしたり、マレット（ばち）を音板にあてたりすると残響が止まります。

音板
音が低くなるほど長くなる。音域は3オクターブのものが一般的だが、4オクターブのものもある。

写真提供：ヤマハ株式会社

ファン
共鳴パイプの上端についている回転式の羽。羽がまわっているあいだは、音に独特のふるえが生まれる。回転速度は調整可能。

ダンパーペダル
音の長さ(残響)を調節する装置。

共鳴パイプ
音板の下に取りつける金属製のパイプ。上端にファンがついている。

写真提供：ヤマハ株式会社

■ 演奏方法

ファンを回転させた状態で、ばちでたたくビブラート奏法と、回転させないでたたくノン・ビブラート奏法があります。演奏するときにはダンパーペダルを足で踏んだり、足をはなしたりして、音の余韻をコントロールします。

演奏者に聞いてみよう！

●打楽器奏者

悪原 至 さん

神奈川県生まれ。国立音楽大学卒業。同大学院修士課程修了、同時に最優秀賞受賞。第23回日本クラシック音楽コンクールなど、国内4つのコンクールで第1位を受賞。2017年、CD『悪原至×打楽器』をリリース。現在、国立音楽大学附属中学・高等学校非常勤講師。

演奏者に聞きたい♪打楽器の魅力♪

 Q 打楽器を選んだきっかけを教えてください。

A 小学校6年生のとき、学校にあった金管バンドのクラブで打楽器パートを担当したのがはじめたきっかけです。その後中学、高校と吹奏楽部で引きつづき打楽器を担当し、打楽器アンサンブルで東関東大会に出場するなどの経験をする中、だんだんとその魅力に惹きつけられていきました。

 Q 一日にどれくらい、どのような練習をしていますか？

A 時間のとれるときは、練習にあてるように心がけています。多いときは5時間以上続けることもあります。打楽器はだれでも音を出せる楽器ですが、その一つひとつの音が魅力的なものになるよう気をつけて練習しています。打楽器奏者はいろいろな楽器を演奏しなければなりませんが、基本となるのは小太鼓の基礎練習です。

スタジオにならべられたさまざまな打楽器。これらすべての楽器を演奏する。

 Q 打楽器を演奏して一番うれしかったことはなんですか？

A 打楽器はさまざまなジャンルで使用されているので、ソロ演奏（独奏）もできるし、打楽器のみのアンサンブル（合奏）もできるし、ほかの楽器のアンサンブルにくわわったり、合奏の中でたたいたりすることもできます。楽器の種類も多く、さまざまな役割を経験できることがやっていてよかったことだと思います。

 Q 打楽器を演奏していて大変なことはなんですか？

A 楽器の準備が大変で、その都度楽器を搬入したり、組みたてたりしなければなりません。マリンバなど1人では組みたてが難しいものもあります。演奏では基本的に1パート1人なので、ほかの人に頼ることができません。

 Q 打楽器に向いている人は？

A リズム感のいい人。やはり打楽器とリズムは切りはなすことができません。また、曲が盛りあがったところにシンバルや大太鼓などをたたいて迫力をくわえることも多いので、目立つことが好きで思いきりのよい人も打楽器向きといえるでしょう。

打楽器

Q 打楽器の魅力を教えてください。

A 打楽器は、たくさんの種類があります。どの楽器もかんたんに音を出すことができますが、一つひとつの音に存在感があり、合奏の中でたったひとつ音を出すだけでも、音楽の雰囲気をガラッと変えることができます。ほかの楽器には、まねできないことです。

Q 今後の目標や夢を教えてください。

A 打楽器の音はテレビやラジオから流れる多くの音楽にふくまれていて、意識しないうちに耳にしていますが、その一つひとつの打楽器に対する認知度は、必ずしも高くありません。ましてや、打楽器のみを用いた打楽器音楽がどのようなものかは、ほとんどの人が想像できないでしょう。多くの人にその魅力を知ってもらえるよう、演奏だけでなく、教育や研究活動も続けていきたいと思っています。

Q 今まで打楽器を演奏してきたなかで印象に残っている舞台は？

A これまでに何度かソロリサイタルを開催しました。打楽器のソロ演奏はなかなか耳にする機会がないのでイメージしにくいと思いますが、4本のマレットを持ってマリンバやビブラフォンを伴奏からメロディーまで1人で演奏したり、さまざまなタイプの打楽器をたくさんならべて1人で演奏する曲もあります。1人で何曲も演奏するのはとても大変なことですが、その分、演奏しおわったあとの達成感は、けたちがいに大きいです。

いろいろな演奏を楽しむ。

● おすすめの曲とききどころ ●

①ハチャトゥリアン「ガイーヌより『剣の舞』」
シロフォン（→p17）、小太鼓、ティンパニなどさまざまな打楽器が活躍します。シロフォンによる軽快で疾走感あふれるメロディーは有名で、運動会のBGMなどで、一度は耳にしたことがあると思います。

②ラヴェル「ボレロ」
ボレロでは、曲のはじまりから終わりまで延々と小太鼓が一定のリズムパターンを演奏しつづけます。最初はとても小さい音ではじまり、曲の終わりに向けて徐々に大きくなっていきます。冒頭部分は、小さい音でたたくのが非常に難しく、演奏者の腕の見せどころです。

③ジョン・ケージ「サード・コンストラクション」
打楽器奏者4人によるアンサンブル作品です。各奏者が多くの種類の楽器をあつかい、めずらしい音のする楽器も登場します。リズムが複雑にからみあい、とてもノリがよく、打楽器の魅力がつまった作品となっています。

好きな打楽器奏者

安倍圭子
国際的に活躍するマリンバ奏者。数多くのマリンバのソロ作品を作曲家に依頼し、また自身でも作曲し、演奏することで、マリンバソロの演奏スタイルを確立させました。安倍圭子さんがつくった曲は世界中のマリンバ奏者に愛され、最もよく演奏されるレパートリーのひとつとなっています。

ジャン・ジョフロワ
フランス人の打楽器奏者であり、打楽器やマリンバのソリストとして国際的に活動しています。多くの作品の初演をおこない、CDのレコーディングも積極的におこなっています。とくにバッハの作品をマリンバソロに編曲し、レコーディングしたものは人気があります。

写真提供：悪原 至

打楽器のなかまと歴史

打楽器は、楽器の中で最も古い歴史を持っているといわれています。世界中にさまざまな種類の打楽器がありますが、ふだん目にすることが多いのはオーケストラなどの西洋音楽でつかわれている打楽器です。

打楽器の歴史

ヨーロッパでは中世以降、弦楽器、管楽器による演奏がおこなわれてきました。そこに打楽器がくわわることはほとんどなく、17世紀になって初めてオーケストラにティンパニが登場しました。ティンパニは元は軍隊でつかっていた楽器で、たたき手は馬にまたがり、馬の首の両側につけたふたつの太鼓をたたきました。ティンパニがオーケストラにくわわった当初は、その名残から2台のティンパニのみつかわれていました。

オーケストラで演奏される打楽器は、はじめのうちはティンパニのみでしたが、次第にその種類が増えていきました。18世紀になると、作曲家のモーツァルトやハイドンが、オスマン帝国の軍楽隊のようすをあらわすためにシンバル、トライアングル、大太鼓を用いたのを皮切りに、シロフォン、小太鼓、タンブリンなどオーケストラに使用される打楽器はその種類を増やしていきました。

20世紀になると、新たな音の響きを求め、アメリカのジャズで活躍していたドラムセットのタムタムやビブラフォン、アフリカで生まれラテン・アメリカで発達したマリンバなど、あらゆる打楽器が必要に応じて登場するようになりました。

トルコのイスタンブールにある軍事博物館では、軍楽隊がオスマン帝国当時の軍歌を再現する。敵国に進軍する際に行進とともに軍歌を奏で、太鼓を打ちならしながら進んだといわれている（→p52）。

写真提供：アフロ

もっと知りたい

特殊奏法

オーケストラなどの西洋の音楽でつかわれる打楽器の種類が増えると同時に、もともとつかわれていた打楽器でも、ふつうと異なる特殊な演奏のしかたをすることも増えてきた。こうした演奏のしかたは特殊奏法とよばれ、ばちやマレットをつかわないことすらある。たとえばマリンバの共鳴パイプに息を吹きこんだり、ティンパニをスーパーボールでこすったり、ビブラフォンを弦楽器の弓でひいたりなど、さまざま。特殊奏法はどれも個性的な音で、作曲家や演奏者が今までにない音を求めて試行錯誤し、その数を増やしている。

打楽器のなかま

　打楽器の中でも、楽器自体が音を出す体鳴楽器には種類がいろいろあります。ここではおもにオーケストラでつかわれる楽器を紹介します（18ページからの「世界の楽器」でもたくさん打楽器を紹介しています）。

音律あり／体鳴楽器

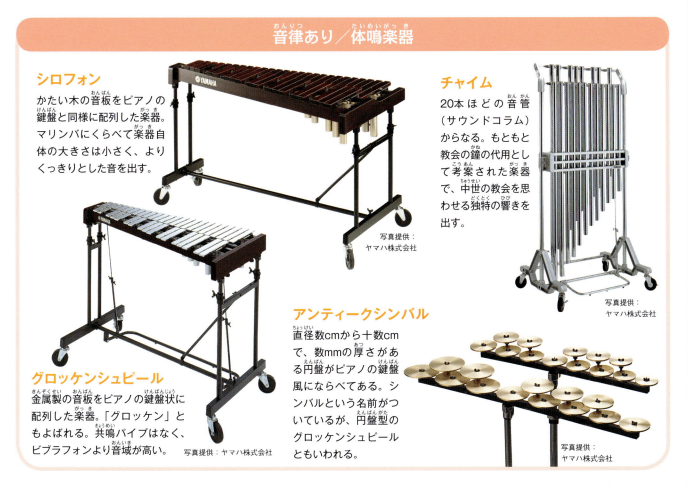

シロフォン
かたい木の音板をピアノの鍵盤と同様に配列した楽器。マリンバにくらべて楽器自体の大きさは小さく、よりくっきりとした音を出す。

チャイム
20本ほどの音管（サウンドコラム）からなる。もともと教会の鐘の代用として考案された楽器で、中世の教会を思わせる独特の響きを出す。

グロッケンシュピール
金属製の音板をピアノの鍵盤状に配列した楽器。「グロッケン」ともよばれる。共鳴パイプはなく、ビブラフォンより音域が高い。

アンティークシンバル
直径数cmから十数cmで、数mmの厚さがある円盤がピアノの鍵盤風にならべてある。シンバルという名前がついているが、円盤型のグロッケンシュピールともいわれる。

音律なし／体鳴楽器

ウッドブロック
かたい木の中をくりぬいてよく響くようにしたもの。木の大きさや素材によって音色が変わる。

スレイベル
鈴のこと。楽器自体を振ったりたたいたり、ひねるようにまわしたりする。

銅鑼
中国が起源の打楽器。金属製の円盤を枠につるして、マレットなどで打ちならす。

世界の楽器の見方、きき方

楽器はもともと、その地域の生活と密接にかかわりながらつくられ、発展してきました。世界の楽器を見てみると、音楽を奏でるための道具というだけでない面が見えてきます。さらに、演奏をきくことで、その地域の音楽と、わたしたちが知っている西洋音楽とのちがいがいろいろ見えてきます。

🌐 素材を通して楽器を見る

楽器の素材は、その楽器が生まれた地域と大きくかかわっています。

アジアの多くの国ぐにでは竹をつかった笛が好んでつかわれます。生育が早くて手に入りやすく、丈夫な竹は、アジアの人びとにとって親しみ深い素材で、笛だけでなく打楽器や弦楽器など、さまざまな楽器に用いられてきました。東アジアや東南アジアとちがい、乾燥した地域では竹は割れやすく、適切な素材となりません。

楽器の素材は自然環境とだけ関係があるわけでもありません。たとえば、弦楽器につかわれる弦にも素材のちがいがあります。東アジアでは絹は古くから生産され、生活に欠かせない素材で、高級ですが布としてうすくて弱いという印象があります。しかし、糸をよ り合わせて弦にしたものには一定の耐久性があり、中国や、その影響を強く受けた朝鮮半島、日本でも弦楽器には伝統的に絹の弦が用いられてきました。

一方、中央アジアから西アジア、ヨーロッパにかけてはガット弦がつかわれてきました。ガット弦は羊や山羊の腸を細く切ってより合わせてつくるものです。これらの地域では食生活、服飾、宗教とのかかわりで、昔から山羊や羊を育ててきたのです。

これらのことから、楽器の素材が人びとの生活そのものや宗教、そこからくる産業ともかかわっているということがわかります。

ビオラ・ダ・ガンバ（→1巻）でつかわれているガット弦。
写真提供：国立音楽大学楽器学資料館

タイの竹琴ラナート・エク。子どもが習うぐらいよく知られた楽器。
写真提供：横井雅子

三味線用の絹弦のチェックをするようす。黒紙ではみ出た繊維を見えやすくし、一つひとつ手作業で取りのぞく。
写真提供：丸三ハシモト株式会社

🌐 西洋音楽の常識からはなれる

　西洋音楽では、合奏は複数の楽器を「合わせる」ことを意味します。しかし、音の高さや拍子などの時間的区切りを「合わせる」のは西洋音楽では当然であっても、世界の音楽では当然ではありません。

　アジアの伝統的な歌の中には、拍子がはっきりしない曲が多くあります。いっしょにリズムをとることができない歌に、さらに楽器で伴奏がつけられることもあります。当然ながら、拍子がはっきりとしないものに伴奏を「合わせる」ことはできず、歌われた旋律を少し遅れて追いかけるように伴奏することになります。そうすると、同じ旋律のはずなのに、ずれることで結果的に複数のパートであるようにきこえてきます。

　また、アジアの音楽では、西洋音楽の半音よりせまい音の高さがつかわれることがしばしばあります。こういう音の高さをつかっていない人には、少し音がはずれているようにきこえるのですが、じつは、アジアの音楽は西洋音楽よりも繊細な音高の差をつかいわけているのです。こういうものをききなれていないと、拍子も音程も合っていない下手な合奏のように感じられることも多いのですが、卓越した歌い手と奏者の演奏できくと、一瞬遅れる楽器の音がエコーのようにきこえたり、微妙な音の高さのちがいが色のグラデーションのように感じられたりして、西洋音楽とはちがう楽しみがあります。

拍子がはっきりしないモンゴルの歌オルティンドーでは、馬頭琴（→p34）は追いかけるようにして伴奏する。

写真提供：横井雅子

◆ 世界の楽器の分類

　オーケストラなどの西洋楽器でよくつかわれる分類は、打楽器、弦楽器、管楽器（金管／木管）です。この分類は世界の楽器にあてはめると不都合な場合もあるため、下記のように、音を出す振動源によって分類することもあります。22～49ページでは、後者の分類のしかたによって、世界の楽器を見ていきます。

体鳴楽器（→p37～42）	膜鳴楽器（→p43～48）	弦鳴楽器（→p28～36）	気鳴楽器（→p22～27）	電鳴楽器（→p49）
楽器自体が振動して音を出す。	張られた膜が振動して音を出す。	張られた弦が振動して音を出す。	空気そのもの（おもに息）が直接振動させられて音を出す。	自然音を電気で増幅、または音そのものを電気的につくりだす。

世界の楽器の活用と変化

世界各地でつかわれてきた楽器とその音楽は、現代では昔とはちがったつかい方をされることがあります。また、それによって楽器そのものが変化することもあります。しかし、さまざまな情報が共有される現代においても、「みんな同じ音楽」になってしまわずに、地域ごとの楽器のおもしろさが残されてもいます。

🌐 「地域」や「伝統」を演出する

現代は、さまざまな変化が地球規模で共有される時代です。では、地域で昔から愛好され、つかわれてきた楽器はすたれてしまうのでしょうか？

わかりやすい例として、日本を例にとってみましょう。お正月になると金屏風に松、羽子板、こまなどの、見てわかりやすいアイテムがつかわれ、お約束のように箏曲「春の海」やお囃子が背景に流れてきます。そのことからお箏やお囃子の楽器の音が、まだわたしたちにとって生きた存在で、日本らしさを思い起こさせる力があることがわかります。そう考えると、じつは古典芸能もさほどハードルの高い存在ではなく、かたくるしく考えずに入れば、親しみやすいのかもしれません。

別の例としてフィンランドのカンテレがあります。この楽器は、フィンランド人なら知らない人はいない民族叙事詩『カレワラ』の中に登場し、どのようにして楽器が誕生したのかが伝えられています。そのため、非常に「フィンランド的」な楽器という印象を持たれています。もともとは弦が5本しかないシンプルな楽器でしたが、大型化し、豊かな表現ができるように改良されました。形は現代化していますが、民族の心や伝統を表現する楽器として学校教育の中でも教えられています。

このように、グローバル化で世界じゅうがつながる時代だからこそ、逆に地域のちがいをはっきりと伝え、伝統を感じさせる道具として、楽器の音がつかわれることもあるのです。

今も各地の祭りをお囃子がいろどる。
写真提供：横井雅子

フィンランドの民俗音楽祭で演奏されるカンテレ。
写真提供：横井雅子

演奏の場に合わせて変化する楽器たち

かつては人びとの生活の中で演奏されていた楽器ですが、生活形態が変わった現代では、昔のままの状況や場所でつかわれることは少なくなりました。その代わりに、ステージのような大空間で演奏されることが多くなり、それが楽器の変化に結びついています。この巻に登場するモンゴルの馬頭琴（モリンホール→p34）、あるいはロシアの弦楽器バラライカは、西洋音楽のオーケストラのバイオリン、チェロ、コントラバスのように、大きさと音域の異なるものがつくりだされ、オーケストラのように大きな編成で演奏されるようになりました。

大空間での演奏は、大きさの異なる複数の楽器の使用だけでなく、現代では電気的に音量を増幅するという方向にも発展しました。スタジアムのような巨大施設で演奏するロックなどでは、エレクトリックギター（エレキギター）や大がかりなPA（電気的な音響拡声装置）がなくては成り立ちません。エレキギターの普及は、民族楽器や伝統楽器にも影響をおよぼし、日本でもエレキ三味線がつくられるなどしています。

一方、電気的に音楽用の音を合成するシンセサイザーは、最初は現代音楽やポピュラー音楽でつかわれていましたが、「さまざまな音を合成できる」特徴を活用して、今では民族楽器や伝統楽器の代わりにつかわれることもあります。最新のシンセサイザーは高価ですが、1台でいくつもの楽器の音を出せます。木や皮をつかった楽器よりも温度や湿度の変化の影響を受けにくいので、地域の特色を色濃く残す音楽につかわれることもあるのです。

写真提供：北川記念ロシア民族楽器オーケストラ

バラライカ・オーケストラ用につくりだされた大小さまざまなバラライカ。

マケドニアでは昔ながらの踊りの音楽をシンセサイザー、ドラム・シンセサイザー、エレキベースが演奏する。　　写真提供：横井雅子

東アジア、東南アジア

Sheng（中国）／Khaen（タイ、ラオス）

笙のなかまたち

笙のなかまたちは、日本をふくむ東アジアから東南アジアまでの広い地域でつかわれます。

古代からつかいつづけられてきた楽器

日本の雅楽でつかわれる笙（→5巻）はおそらく東南アジアにルーツを持つと考えられています。大きく発展したのは中国においてです。竹や葦の管を、ひょうたんや木でつくった共鳴箱に差してたばねた形が共通します。リードが振動することで音が発せられますが、吹いても吸ってもなるのが特徴です。

・もっと知りたい・
宮廷音楽から民俗音楽まで幅広い

神社の結婚式や宮中音楽など日本の雅楽で見かける笙は厳粛な雰囲気を持つが、東アジアや東南アジアのなかまは異なっている。現代の中国では管の数を増やして大型化し、キーや鍵盤をつけるなどの改良をおこない、オーケストラにふくまれることもある。中国南部や東南アジアでは素朴な民俗音楽での使用が多く、この楽器を演奏しながら踊ったりすることもめずらしくない。

演奏方法

吹き口から息を吹きこんだり吸いこんだりして、竹筒に取りつけてあるリードを振動させます。日本の笙は垂直に立てますが、ラオスやタイのケーンは少しななめに構え、ベトナムのディン・ナムは身体から前につきだすようにして演奏します。

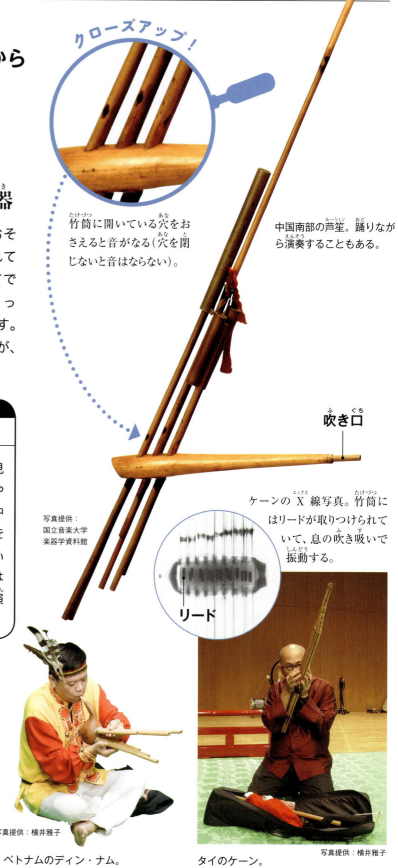

クローズアップ！

竹筒に開いている穴をおさえると音がなる（穴を閉じないと音はならない）。

中国南部の芦笙。踊りながら演奏することもある。

吹き口

写真提供：国立音楽大学楽器学資料館

ケーンのX線写真。竹筒にはリードが取りつけられていて、息の吹き吸いで振動する。

リード

ベトナムのディン・ナム。
写真提供：横井雅子

タイのケーン。
写真提供：横井雅子

チベット地域（中国チベット自治区、ネパール、ブータン、インド北部）

Kangling

カンリン

チベット仏教に特有の楽器。伝統的には人間の大腿骨（ふとももの骨）でつくられ、チベット仏教の儀礼でつかわれてきました。

吹き口のまわりには金属の輪をはめたり、くわえやすくするための円盤が取りつけられたりすることがある。

大腿骨の髄を取りのぞき、空洞にする。長さは元となった人の身長によるため、決まっていない。現在は、陶器や金属、木、動物の骨で管がつくられることもある。

■人骨の楽器はほかにも

チベット仏教ではこの世では一切のものが変化していくことを理解させるために、人骨をつかった道具が用いられます。カンリンのほかにも頭蓋骨をつかったダマルという太鼓もあります。カンリンのしっかりとした強い音は死者を送る際に吹かれ、悪霊を退散させると信じられていたといわれています。

管の上部や末端には金属（銀や真ちゅうなど）、珊瑚やトルコ石などで美しく装飾したり、龍の頭飾りをつけたりすることが多い。

演奏方法

片手で水平に構え、管の細い方を口にあて、唇を振動させて音を出します。2本一組で用いるとされています。

写真提供（すべて）：
国立音楽大学楽器学資料館

・もっと知りたい・

なぜ人骨をつかうのか

チベット仏教では、カンリンやダマルのような楽器のほかにも、頭蓋骨からつくられた杯や念珠も祭具としてつかわれる。仏教における「生滅（あらゆるものは生まれ消え去る）」「無我（あらゆる事物に不変的な本質は存在しない）」という考え方を象徴するため、と考えられている。中でも楽器は、冥界*に住む「人間でない存在」に音を通して働きかける役割を持っているとされてきた。

＊死後にいくとされている世界のこと。

アジア、北アフリカ、ヨーロッパ

Zurna（トルコ）、Shehnai（インド）

ズルナ

ダブルリードではっきりとした音は野外の音楽に欠かせない存在で、アジアから北アフリカやヨーロッパへと広まりました。

■軍楽隊から ラーメン屋の客寄せまで

ズルナの起源は古代ペルシャの「ソルナ」とされています。西アジアを中心に東西に広まりましたが、本体は木製で、下の方が円すい形、ダブルリードである点が共通します。甲高くつきぬけるような大きい音が出るため、野外での舞踊や祭事、行進などでよくつかわれます。

演奏方法

木製の管に細長い筒を取りつけ、その筒に葦などでできた2枚のリードを差しこみ、リードを口にふくんで振動させて音を出します。ズルナの演奏者はふつう、循環呼吸（鼻から息を吸いながら口から息を出す）を用いて、音を途切れさせずに演奏します。

クローズアップ！

2枚のリードを口の中にふくみ、振動させて音を出す。

写真提供：国立音楽大学楽器学資料館

演奏の安定度を高めるため、吹き口には円盤状のストッパーが取りつけられている。

写真提供：国立音楽大学楽器学資料館

写真提供：国立音楽大学楽器学資料館

写真提供：横井雅子

トルコの軍楽メフテル（→p52）の中で演奏されるズルナ。

・もっと知りたい・
ズルナのなかまは、たくさん！

ズルナのなかまは西アジアを中心に、北アフリカ、ヨーロッパ、アジア各地など世界各国に分布していて、イラクやトルコではズルナ、インドではシャーナーイとよばれている。日本で「チャルメラ」とよばれている楽器もズルナのなかまだ。

ヨーロッパ、アルゼンチン

Bandoneon

バンドネオン

バンドネオンは蛇腹と金属のリードを持つという点でアコーディオンの親戚のような楽器です。アルゼンチンタンゴでつかわれるようになって人気を獲得しました。

■ 歯切れのよさがタンゴと結びつくように

バンドネオンは、19世紀中ごろにドイツでハインリヒ・バンドによって考案されました。持ち運びしやすいので、野外でのキリスト教の儀式や民族舞踊の伴奏につかわれました。19世紀末ごろに南アメリカのアルゼンチンでタンゴの演奏につかわれはじめ、20世紀にドイツからたくさんのバンドネオンが輸入されたことと、鋭いスタッカートを刻むことができてアルゼンチンタンゴに合っていることから、タンゴの演奏に欠かせない楽器となりました。

両側の四角い木枠にはそれぞれ30以上のボタンがならぶ。ボタンの配置は右手と左手とでは異なり、出る音のならびも不規則で、習得がとても難しい。木枠の中にはうすい金属製の板でできたリードがならび、ボタンをおすと空気が通り、リードが振動して音が出る。

写真提供：国立音楽大学楽器学資料館

木枠と木枠のあいだには蛇腹が取りつけられている。伸ばすと1mぐらいになる。蛇腹をおしたときと引いたときで異なる音が出るのもバンドネオンの特徴。

演 奏方法

バンドネオンは基本的にいすに腰かけて演奏します。楽器をひざの上に置き、木枠に取りつけられたバンドに親指以外の指を通してボタンをおします。蛇腹を開くとともに2本の脚も広げたり、片方の脚の上で扇形に広げるなどの方法があります。引いたときの方がよく響くとされ、扇形だとおしもどしやすく、またすぐに広げられます。

蛇腹を扇形に広げるバンドネオンらしい演奏のようす。

写真提供（演奏者）：早川純

・もっと知りたい・
金属製リードをつかったなかま

蛇腹を持つバンドネオンとアコーディオン（→1巻）は近いなかまだが、金属製のリードが空気によって振動して発音するという点では、ハーモニカ、リード・オルガン、インドでよくつかわれるハルモニウムなども親戚だ。形は異なっていても、効率的に空気を送りこめる、音がはっきりしてききとりやすい、リードが長持ちするという特徴が共通している。

インドのハルモニウム。

アジア、ヨーロッパ、アフリカ、アメリカ、オセアニア

バグパイプ

Bagpipe

牧畜とのかかわりでつくられるようになったバグパイプは、ヨーロッパによる植民地経営とともに、世界各地に広まっていきました。

吹き口

息を吹きこんで袋をふくらませ、袋をおせば空気が管に送られるようにする。息ではなく、ふいごをひじに固定して機械的に空気を送りこんでふくらませるタイプもある（写真右下）。

旋律管
写真の楽器では、旋律用に指孔が開けられた笛が2本まとめられている。旋律用の管が1本のタイプもよくつかわれる。

北アフリカ、チュニジアのズクラ。

袋
羊や山羊1頭分の皮をまるごとつかい、脚や頭を取りのぞいた穴に管を差し入れ、空気がもれないようにしっかりしばる。皮袋が見えないように布でおおわれているタイプもある（写真右）。

写真提供：国立音楽大学楽器学資料館

空気をためて、音が途切れずに演奏できる

名前の意味は「袋と笛」。その名のとおり、空気をたくわえる袋を持つので、袋にふくらみがあるかぎり、ずっと音を出しつづけることができます。外からは見えませんが、笛の根元には葦や竹製のリードが取りつけられていて、それが振動してはっきりした強い音を出します。指孔のない持続音を出す笛（ドローン管）を持つタイプも多く見られます。

写真提供：横井雅子

演奏方法

空気を十分に入れてふくらんだ袋を左わきの下にはさみ、腕で袋をおして空気を管に送りこみます。袋がしぼんでおしにくくならない程度に、空気をたえず入れます。いったんなりだすと音が途切れず、音量も変化しないので、細かい装飾音をつけたりして音楽が単調にならないように工夫します。

ドローン管
ヨーロッパ、ハンガリーのドゥダ。

・もっと知りたい・

意外に広いバグパイプの分布

バグパイプは、もともと羊や山羊を飼う牧畜民のいる地域でつくられた楽器。たとえば、宗教的理由で羊や山羊の肉をよく食べるイスラム教徒が多く住む地域でつかわれてきた。これとは別に、ヨーロッパのスコットランド人が愛好するバグパイプがイギリス人によって植民地に持ちこまれ、アメリカ大陸やオセアニアなどでもバグパイプが広まった。地域によって異なる名前で親しまれている。

◆ヨーロッパ、西アジア、北アフリカにおける分布

ヨーロッパ、ポーランドのコジョウ・ヴェセルヌ。

ふいご

写真提供：国立音楽大学楽器学資料館

オーストラリア

ディジュリドゥ

Didgeridoo

吹き口のまわりには、なめらかな「ろう」または「樹脂」をぬる。

オーストラリア大陸の先住民、アボリジナル・ピープルの伝統楽器。1000年以上前につくられたとされ、世界最古の管楽器のひとつと考えられています。

■ 祝いの儀式や人びとの癒しにも

ディジュリドゥはもともとアボリジナル・ピープルの祭事や儀式で、ソングマンとよばれる歌い手が歌うときの伴奏楽器としてつかわれてきました。汽笛のような独特の奥深い音色が特徴で、近年はポピュラー音楽の世界で活躍するディジュリドゥ奏者も増えています。

長さは80cmから2mを超えるものまであり、幅広い。長くなればなるほど、出る音は低くなっていく。

管の太さや長さにはとくに決まりはない。伝統的なディジュリドゥはシロアリに食われて中が空洞になったユーカリの木の幹や枝でつくられるが、現在は竹や塩ビパイプ製のものもある。

無地のままのものもあるが、絵の具、焼きつけ、彫刻などでもようがつけられているものも多い。

ディジュリドゥは、オーストラリア北部のアボリジナル・ピープルを象徴する楽器。

写真提供：国立音楽大学楽器学資料館

演奏方法

管の一方に口を当て、くちびるを振動させて音を出します。口の中で舌を動かしてリズムを刻んだり、声を重ねて音に厚みをくわえたりして音に変化をつけます。チューバやトロンボーン（→3巻）を吹くのに少し似ています。呼吸するときは鼻から息を吸いながら口から息を出す「循環呼吸」を用い、音を途切れさせずに演奏します。

・もっと知りたい・
名前の由来

ディジュリドゥという名称は、20世紀にオーストラリアに入植＊した白人がこの楽器の音を耳にした際、「ディジュリドゥ」と聞こえたことからつけたものといわれている。アボリジナル・ピープルはそれぞれの言語グループの言葉で「イダキ」「マゴ」「イギギ」などとよんでいる。かれらの中では男性が吹く楽器とされていて、女性が演奏することを嫌ったり、禁止している場合もある。

＊植民地に移り住むこと。

中国
二胡（アルフー）

Erhu

弦をこする楽器が好まれる中国の代表的存在。
中国伝統楽器の演奏グループの活躍で有名になり、日本でも愛好者が増えました。

■小柄で単純な構造ながら多様な表現が可能

本体が共鳴胴と棹からなり、弓でこする点はバイオリン（→1巻）と同じですが、共鳴胴は直径10cm、長さ15cmほどの小さな筒で、弦も2本と極めてシンプルです。しかし、深みのあるやわらかな音で、人の声に似ていると形容され、幅広い表現が可能です。演劇や芸能の伴奏音楽でつかわれていた楽器が、20世紀に入って西洋音楽の影響を受けて、独奏楽器としても人気になりました。

演奏方法

いすに腰かけて、左ももの付け根に近いところに、共鳴胴の皮が内側を向くように立てて構えます。弓は右手で親指を上に向けるように（バイオリンとは手の裏表の向きが逆）持ち、体にほぼ平行するように運ぶのが特徴です。

かたい木でつくられた棹には2本の弦を張る。現在の弦はほとんど金属製。弓はこの2本の弦のあいだにはさまれている。弓は竹と馬の尾の毛からつくられる。

クローズアップ！

共鳴胴は六角形、八角形、円形などの形をした筒で、棹と同じようにかたい木でつくられる。表面にはニシキヘビの皮を張るが、動物愛護の観点から代用皮がつかわれることもある。

写真提供：
国立音楽大学楽器学資料館

・もっと知りたい・
弦をこする楽器は中国で人気

二胡（アルフー）が「胡弓」とよばれることがあるが、胡弓は日本の、弦をこする楽器で、現在は日本の伝統音楽でもつかわれることが少ない。一方、中国では弦をこする楽器の人気が高く、伝統劇の京劇でつかう京胡（ジンフー）、広東省の高胡（カオフー）、椰子の実を共鳴胴にした板胡（バンフー）など、さまざまなタイプが愛好されている。

韓国

カヤグム

Kayagum

カヤグムは韓国に伝わる伝統的な12弦の楽器。どことなく哀愁を感じさせる、深みのある美しい音色を奏でます。

漢字では「伽倻琴」

カヤグムは6世紀ごろ、朝鮮半島にあった「伽耶」という国でつくられた琴です。桐の木の胴体に絹の弦を張り、指で弦をはじいて演奏します。

カヤグムでは「伽倻琴散調」という伝統楽曲が演奏されるほか、カヤグムをひきながら民謡などを歌う「伽倻琴竝唱」というジャンルもあります。

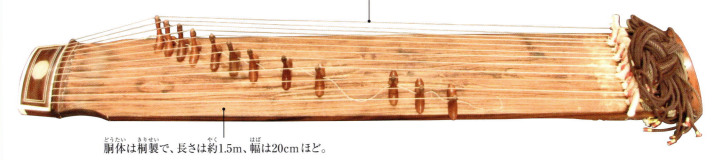

弦は12本。もともとは絹製の弦がつかわれてきたが、絹の弦は切れやすいため、現在はナイロン弦がつかわれることも多い。

胴体は桐製で、長さは約1.5m、幅は20cmほど。

演奏方法

日本の箏とは異なり、片方の端をひざの上にのせてひきます。指には爪はつけず、指の爪や腹ではじいて音を出します。右手ではじいた弦を左手で上からおさえてゆさぶり、音に変化をつける弄弦という奏法があり、これがカヤグムの演奏表現をより豊かなものにしています。

日本の箏（左）とカヤグムの演奏姿勢のちがい。

・もっと知りたい・
古くに朝鮮半島から日本にも到来

日本にも奈良時代に、当時の新羅からカヤグムが伝わった。日本では「新羅琴」とよばれ、平安時代まで貴族のあいだで演奏されたといわれている。その楽器は、現在も奈良県の正倉院に保存されている。

あぐらをかいて座った足に、カヤグムの片方の端をのせて演奏する。

写真提供（すべて）：横井雅子

南インド

ヴィーナ

Veena

写真提供：
国立音楽大学
楽器学資料館

ヴィーナは、南インド古典音楽でつかわれる代表的な伝統楽器。南インドでは「楽器の女王」といわれています。

演奏弦はフレットの上に張られていて、左手でおさえて音程を変えながらひく。副弦はおさえずに常に開放弦でつかう。

■ インド音楽独特の繊細さを表現

ヴィーナは胴・棹・頭・共鳴器の4つの部分からなる弦楽器です。7本の金属弦のうち、フレット*1上の4本が旋律用の演奏弦、残りの3本が単音を響かせたりリズムを刻んだりするための副弦の役割を果たします。インド音楽ならではの、きらびやかで幻想的な音色を響かせます。

*1 弦楽器の棹についている、弦をおさえる場所を示す突起。

胴と棹はジャックウッドという木をくりぬいてつくられる。胴だけでなく棹も太い空洞にして、音が響くようにしてある。先端には竜の頭をかたどったものが取りつけられている。

ふくべをくりぬいたり、紙のはりぼてでつくられた共鳴器。

写真提供：
国立音楽大学
楽器学資料館

演奏方法

床の上にあぐらをかくように座り、共鳴器を左ひざの上にのせ、胴を右ひざの右側（床の上）に置いて演奏します。右手は人差し指と中指に金属製の爪をはめて演奏弦をはじき、小指は副弦に触れて響かせつづけます。左手は棹の下に回し、向こう側から演奏弦をおさえてすべらせたり、横に引いたりして、ゆらめくような繊細な変化をつけます。

・もっと知りたい・
日本の弁天さまのルーツが奏でる

「ヴィーナ」はもともと「琴」を意味する言葉で、古代インド音楽における弦楽器の総称だが、一般的に「ヴィーナ」というと南インドの「サラスヴァティー・ヴィーナ」を指す*2。サラスヴァティーは学問や芸術を司る女神の名前で、日本の弁天さまのルーツでもある。

*2 北インドのヴィーナは「ルドラ・ヴィーナ」または「ビーン」とよばれる。このページで説明しているのは、南インドのサラスヴァティー・ヴィーナ。

写真提供：藤倉明治

西アジア、北アフリカ

ウード

Oud

ウードは、アラブ古典音楽では中心的存在といえる弦楽器。現在も西アジアから北アフリカまでの広い地域でつかわれています。

アラブの「楽器の女王」

洋梨のようにふくらんだ胴を持つウードは、ギターなどにくらべて棹が短く、弦を固定するペグボックス（糸蔵）が後方に折れまがっているのが特徴です。アラブ、トルコ、ペルシャ（イラン）などの地域ごとに、大きさや形状、調律方法などが異なります。

演奏方法

ウードはギターと同じように水平にかかえ、ばちで弦を打ちつけるようにはじいて音を出します。棹にはフレット（→p30）がないため、左手の指をすべらせて音程をなめらかに上下させたり、装飾音をつけたりといった表現がしやすくなっています。

「リーシャ」とよばれる細長いばちで弦をはじいて演奏する。伝統的には鳥の羽軸や亀の甲羅でつくられていたが、現在はプラスチック製のものが主流。

11本の弦のうち、10本は2本ずつセットにして張り（複弦）、最も低い音を出す弦のみ1本（単弦）で張る。

写真提供：国立音楽大学楽器学資料館

エジプトのウード。
写真提供：横井雅子

・もっと知りたい・
日本の琵琶もウードのなかま

ウードの起源は、ササン朝ペルシャ（3〜7世紀）で誕生した「バルバット」だといわれている。そのバルバットが中近東でウードになり、ヨーロッパに渡ってリュートとなり、東洋に渡って琵琶（→5巻）になった。

ヨーロッパのリュート。

中国の琵琶。

写真提供：国立音楽大学楽器学資料館

ヨーロッパ

Hurdy gurdy

ハーディ・ガーディ

千年以上の歴史を持つとされますが、時代によって評価が大きく変わりました。

■機械仕掛けの弦楽器

ハーディ・ガーディは弦楽器でありながら鍵盤を持ち、弦の下にある木輪を回すことで音を出すユニークな楽器です。初期のものは大型で、2人の奏者のももの上にわたして演奏していました。キリスト教会で合唱の伴奏につかわれていましたが、小型化すると放浪芸人がつかうようになります。バグパイプのドローン管（→p26）のように、音が変わらない弦（ドローン弦）があるため、和声を持つ音楽が主流になると、時代遅れの楽器と見なされましたが、現在は見直され、人気が高まっています。

写真提供：国立音楽大学楽器学資料館

右手に持つハンドルで、弦の下に取りつけられた木輪を回してならす。手首のスナップを効かせて回転速度を変え、リズムをつくりだすことができる。

音の高さ（音高）を変えられる旋律弦と、音高が変わらないドローン弦がある。ドローン弦の1本にはゆるい駒（うなり駒）が置かれ、ハンドルを速く回すと独特の雑音がつけられる。

演奏方法

いすに浅く腰かけてももの上に楽器を置きます。右手でハンドルを持ち、左ひざを下げるようにして鍵盤が少し下を向くようにします。弦をおおっている箱の上に左腕を置き、指で鍵盤をおしあげ、ハンドルを回転させて演奏します。

写真提供（上と右）：横井雅子

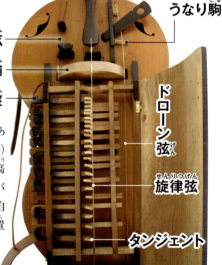

- うなり駒
- ドローン弦
- 木輪
- 鍵盤
- ドローン弦
- 旋律弦
- タンジェント

鍵盤は下からおしあげて接点（タンジェント）が弦を区切り、音高を得る。鍵盤にはバネなどはなく、それ自体の重みで元の位置にもどる。

・もっと知りたい・

「悪魔の楽器」とよばれたことも

ハーディ・ガーディにはいろいろな形のものがあり、地域によって異なった名称を持っている。いずれも少し耳ざわりな音質を持っていること、うなり駒によって雑音効果がつけられること、音高が変わらないドローン弦があること、音量が大きいことなどで「悪魔の楽器」とよばれたこともあった。機械仕掛けのおもしろさ、ほかの楽器には出せない個性的な音が人気になって、今ではヨーロッパ各地で愛好者が増えている。

アジア、ヨーロッパ

Dulcimer

ダルシマー

金属弦を打つという単純な楽器ですが、長い歴史の中で改良されて大型化し、オーケストラでもつかわれるほどになりました。

「金属弦を打つ」ので「ピアノの先祖」?

どの地域のどの時代のダルシマーも、台形の木製の箱に金属弦が張りわたされ、ばちで打つ点が共通しています。音を出すしくみも音そのものも似ていることから、しばしば「ピアノの先祖」ともいわれます。単純なものは持ち歩けるほど小型ですが、音域がせまく、音をひとつずつ止められませんでした。19世紀後半にヨーロッパでピアノ同様の鉄製のフレームを採用し、弦の数を増やして音域を広げる工夫がされました。また、ピアノ同様のダンパーペダルを取りいれて音を伸ばしたり止めたりすることが可能になりました。「ピアノの先祖」は子孫であるピアノの技術を借りて発展しました。

演奏方法

台形の長い辺に向かって座り、ばちで弦を打ちます。ばちの持ち方はいくつかありますが、速く連続して打てるように、端の方をなるべく軽く持ちます。

脚つきのしっかりとした木製の箱に鉄製のフレームが入れられ、そこに約4オクターブ分の弦が張られている。

ダンパー

写真提供：横井雅子

ペダルを踏むと弦の左右に位置するダンパーが上がり、音が伸ばせる。

ばちは打つ部分にフェルトや革を巻きつける。ばちの選び方で音質や音量を変えることができる。

・もっと知りたい・

民俗音楽からクラシックまで幅広く活躍

ダルシマーのなかまは異なる大きさと名前を持ち、つかわれる音楽も素朴な民俗音楽からポピュラー音楽、クラシック音楽とさまざま。打つ弦楽器は種類が多くないが、長い時代を生き残り、幅広くつかわれてきたことがわかる。

写真提供：横井雅子
さまざまなダルシマー。

写真提供：横井雅子
タイのキム。

写真提供：国立音楽大学楽器学資料館
中国の揚琴。

演奏者に聞いてみよう！

● 馬頭琴奏者

ウルグン さん

内モンゴル出身。1982年生まれ。1996年に内モンゴル大学芸術学院附属中等専門学校楽器および演奏学科に進学。馬頭琴を学びはじめる。2005年に同大学音楽部を卒業、同学校のモリンホール（馬頭琴）教師に就任。2009年、来日して2011年まで新潟大学教育学部音楽科にて作曲を学ぶ。現在、馬頭琴の指導および演奏家として活躍している。

演奏者に聞きたい♪馬頭琴の魅力♪

Q 馬頭琴と出会ったきっかけは？

A 小さいころに馬頭琴*の音をきいてはいました。そのころから歌を歌うことが好きだったわたしは、小学校5～6年生のころに、市の芸術楽団に入りました。最初は踊りの基礎を習っていましたが、親戚がそんなに音楽が好きならもっとよい学校に行くようにと両親に勧めてくれて、そこで馬頭琴を習うことになった恩師と出会いました。

Q この楽器のおもしろいところはどんな点ですか？

A 演奏方法だと思います。とくに左手の指で弦をおさえる方法ですね。人差し指と中指は爪の付け根のあたりで弦の横から弦をおさえますが、薬指と小指は指先の爪の下で弦の横からおさえます。上から弦をおさえつけるのではなく、弦は宙にういた状態です。これはほかの弦楽器にはない馬頭琴だけの特徴ですね。もちろん、これ以外にもおもしろい部分はもっとありますが。

Q では、この楽器の難しいところは？

A 演奏するときの左手と右手の力のバランスだと思います。たとえば、左手の人差し指と中指が爪の付け根でおすような力をつかうのに、薬指と小指は指先で弦にふれるようにするといったちがいを、ひとつの手でつかいわけなければならないからです。しかも右手は外向きに弓を持つのに、運弓（弓の運びや操作）は内側へおさえながら左右に動かすという矛盾した動作をしなくてはなりません。この一連の動きを同時におこなって音楽を奏でるからおもしろいともいえるし、それなりの思考能力と練習が必要なので難しいともいえます。

Q 馬頭琴の魅力はどんなところにあるのでしょうか？

A 馬頭琴をきくと幸せになると思う気持ちと同時に、この楽器はほかにはない特別な音色をもっていると思います。音域が広いのでモンゴル音楽に向いている、ということもあります。遠くから見ると1本のように見える弦は、じつはたくさんの弦が集まって成り立っています。そのたくさんの弦から、ほかの楽器にない響きが生みだされるのです。

伝統的な馬頭琴。共鳴胴に羊や馬の皮を張った。
写真提供：国立音楽大学楽器学資料館

* モンゴルの民族楽器。モンゴル語では「モリンホール」という。「モリ」は「馬」、「ホール」は「楽器」という意味。馬のしっぽの毛をたばねた弦が2本張られ、馬のしっぽの毛を張った弓でひく。

馬頭琴

Q これまで演奏してきた中で最も印象に残っているのは？

A いろいろなステージに立ち、心に残る演奏もいっぱいありますが、2011年3月11日の東日本大震災の2週間後に被災地に行って演奏したことが最も印象的です。避難所になっていた小学校に炊き出しに行ったのですが、楽器を持っていったので、みなさんが炊き出しを待っている合間に演奏しました。被災地のようすを見て、自分が災害を受けたように感じてとても苦しかったです。人は国や地域に関係なく、痛みの感覚は共通なのだと深く感じました。

Q モンゴルの人にとって馬頭琴とはどんな楽器なのでしょうか？ 馬頭琴を演奏することはモンゴルの人にとってどんな意味がありますか？

A 牧畜のさかんなモンゴルには、羊、らくだ、牛といった家畜が最初の子どもを出産した際に、おっぱいが痛くなったりするなどの理由で子どもに乳を飲ませないようなとき、馬頭琴をきかせて気持ちをなだめるという伝統があります。牧畜がおもな産業のモンゴル人の生活と馬頭琴は、そんな形でも結びついています。ですから、馬頭琴をひけることはうらやましいことでもあり、馬頭琴奏者はとても尊敬されます。また、馬頭琴の音を生できけるのはありがたいことだ、きくと幸運が訪れるとも考えられてきました。

日本では小学校の国語の教科書にも取りあげられている物語「スーホの白い馬」の中に出てくる楽器だよ。草原のチェロともいうよ。

棹の先端部分が馬の頭の形をしていることから日本と中国では「馬頭琴（馬の頭の琴）」とよばれている。

● おすすめの曲ときどころ ●

①テメルチドゥル「ボルジギン・タラ（ボルジギン草原）」
広い草原のようすをあらわした曲で、最初のメロディーがとてもきれいです。広い草原で馬をゆっくり歩かせながら大自然の美しい風景を満喫しているイメージがうかんでくると思います。

②N・ジャンツァンノロブ「わが心のゴビ」
作曲家が自分の生まれ育った故郷を思い出してつくった曲です。

③チ・ボラグ「万馬の轟」
広い草原で一万頭くらいの馬が自由にかけまわるさまをあらわしたはげしい曲です。馬頭琴が馬のなき声や風の音などをまねする部分もおもしろいと思います。

好きな馬頭琴奏者

セーラシ
モンゴル民謡と英雄叙事詩曲（モンゴル民謡の一種）の演奏が得意で、多数の曲をつくりました。教育家でもあり、さまざまな音楽、芸術関連団体の要職に就いていた人でもあります。

ジャミヤン
1919年生まれ。モンゴルの音楽芸術を広く海外に紹介する一方、音楽舞踊中学校や文化芸術専門学校で後進の育成にあたり、『馬頭琴教科書』を出版して現代馬頭琴奏法を確立しています。作曲家同盟のメンバーでもありました。

ジグジッドドルジ
1992年モンゴル国生まれで、現在モンゴル国立馬頭琴交響楽団コンサートマスター。2011年にはモンゴル国文化庁より最優秀演奏家として「銀の木」賞を受賞しています。

ブラジル

ビリンバウ

Berimbau

カポエイラは、音楽と身体動作が一体化したブラジルの格闘技。その伴奏楽器としてつかわれるのがビリンバウです。

アフリカからやってきた楽器

ビリンバウは、木の棒（ヴェルガ）の上下に弦（アラーミ）を張って弓状にし、その弦を木や竹の棒（バケッタ）でたたいて音を出す楽器です。下端には中身をくりぬいたひょうたん（カバッサ）がついていて、弦の振動がこのひょうたんに伝わって共鳴し、うねるような音が響きます。

・もっと知りたい・
ブラジル格闘技の伴奏楽器で有名

カポエイラは、アフリカからブラジルに連れてこられた黒人奴隷たちによって生みだされた文化だ。奴隷たちが格闘技の練習をする際、主人に格闘技だと思われないよう、音楽に合わせて踊りに見せかけたことがはじまりだといわれている。

音楽が入ることで、格闘技なのに陽気な雰囲気になる。

カバッサ
中身をくりぬいたひょうたん。演奏中に胸におしあてたり、はなしたりして音色を変える。

ドブラウン、カシシ
ドブラウンはコインで、弦におしあてて音を変化させる。カシシはバケッタと同じ手で持ち、シャカシャカとした音でリズムを強調する。

ドブラウン ── カシシ ── バケッタ

演奏方法

カポエイラの伴奏としてつかわれる場合は、音の高さが異なる3本のビリンバウを用意し、3人で演奏するのが一般的です。バケッタ（ばち）といっしょに、細かな石を入れた「カシシ」というマラカスのような楽器を持って演奏することもあります。

写真提供：
国立音楽大学楽器学資料館

ユーラシア、メラネシア

口琴
こうきん

Jew's harp（ヨーロッパ）

ヨーロッパの
ジューズハープ。

口琴は世界各地に異なる形、素材で存在しています。自然の音や動物のなき声などをまねしたり、プライベートなことを伝えるのにつかわれたりしてきました。

口琴と人間の口の両方で楽器になる⁈

口琴はそれ自体でも音を出せますが、ききとりにくいほどかすかです。人の口の中に共鳴させることで豊かな音響になり、また変化をさせることもできます。シンプルな分、表現の幅が広く、動物のなきまねや、かける音を生みだすなど、とくに自然や家畜と深くかかわって生活してきた人びとが、この楽器をさまざまに楽しんできました。またその不思議な響きは効果音としても人気が高く、映画やアニメーションなどで、今でもしばしばつかわれています。

枠
木や竹、金属でつくられた枠がある。木や竹など自然の素材の場合はたいてい、ここから、振動させる弁が切りだされる。

弁

日本・アイヌのムックリ。

インドのムルチャン。

枠

弁

写真提供（3点）：
国立音楽大学楽器学資料館

枠の中の舌状の細長い形のもので、片方の端は自由に振動して口を出入りする。金属の場合は別に取りつけられ、しなりやすい別の素材がつかわれることが多い。金属弁は、はじきやすいように先端を持ちあげた形がほとんどである。

演奏方法
えんそうほうほう

口にくわえたり前歯にあてたりして、口琴の弁の端をはじいたり引っぱったりし、口の中に共鳴させてはじめてしっかりした音響になります。口の形や口の内部の容積を変えたり、演奏中に舌を動かしたり声を出したりすることで、音の高さを変えて旋律を演奏し、おどろくほど多彩な響きを生みだすこともできます。

枠は軽く持ち、もう片方の手で弁の先端をはじく。

・もっと知りたい・

クラシック音楽でつかわれることも

口琴は昔から広くつかわれてきたにもかかわらず、素朴で小さい楽器であるためにあまり重視されてこなかった。しかし、ベートーベンを教えたこともある18世紀の音楽家ヨハン・アルブレヒツベルガーは、異なる大きさの口琴をつかって口琴と室内オーケストラのための協奏曲を作曲している。格調高いオーケストラの導入の後に響く口琴はどこか滑稽な感じがして、不思議な作品になっている。

🎵 中国、韓国

Pyeon-gyeong (韓国)

ピョンギョン

石でつくられた古代の楽器。気候の変化を受けにくいので、音の高さの基準となる大切な楽器でした。

中国から韓国へ。今も厳かな音色を響かせる

ピョンギョン（編磬）は今から2500年ぐらい前に、音階順に鐘をならべたピョンジョン（編鐘）とともに中国の宮廷音楽でつかわれていたと考えられています*。かたい石を「へ」の字型に加工して音階順にならべて打ちならします。12世紀には朝鮮半島に伝わり、韓国では今も朝鮮王室の祭礼である宗廟祭礼の際に演奏されます。

＊中国古代の楽器で、中国では「編磬」、「編鐘」とよばれる。

演奏方法

かならず長い方の先端を牛の角製のばちで打ちます。ゆったりと打つことで、荘厳さが表現されます。

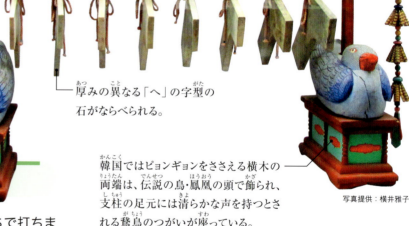

厚みの異なる「へ」の字型の石がならべられる。

韓国ではピョンギョンをささえる横木の両端は、伝説の鳥・鳳凰の頭で飾られ、支柱の足元には清らかな声を持つとされる鷺鳥のつがいが座っている。

写真提供：横井雅子

宗廟祭礼でつかわれているピョンギョン。
写真提供：横井雅子

・もっと知りたい・
今も伝わる5世紀半前の王室儀礼

ピョンギョンは韓国の宗廟祭礼の中で今もつかわれている。宗廟祭礼は朝鮮王朝の歴代王と王妃の霊が眠る宗廟で、王家の末裔たちが儒教の儀式をおこなうものである。ピョンギョンやピョンジョンをふくむ打楽器が主旋律を奏で、管楽器、弦楽器が装飾的な旋律を奏でる音楽に合わせて歌い、王の徳を称える舞も踊る。

アフリカ

ラメラフォーン

Lamellaphone

ラメラフォーンはサハラ砂漠以南のアフリカで親しまれている楽器です。ならんだ細長い金属棒を指ではじいてならします。

「親指ピアノ」の名前でも知られている

ラメラフォーンは「うすい金属片」を意味するラメラと「響き」を意味するフォーンを合わせた言葉で、この楽器の総称です。アフリカ南部の国ぐににはいろいろなラメラフォーンがあり、金属の棒でなく細長い竹の棒がつかわれているものもあります。日本では「親指ピアノ」というよび方も知られていますが、音のなるしくみはピアノとは異なります。

棒
鉄などの金属や竹をつかう。棒に金属片を巻きつけ、ビリビリというサワリ音が出るようにしたものもある。

胴
胴体は箱形または板状。箱の裏や横に穴が開いているものは、穴を指で開け閉めすると音が震えるビブラート効果が得られる。

写真提供：（すべて）国立音楽大学楽器学資料館

キャップをゆるく取りつけサワリ音を出せるようにしたもの（左と中央）、音響効果のためにひょうたんの中に入れたもの（中央）、共鳴体であるひょうたんの上に棒を取りつけたもの（右）。

演奏方法

胴の上にならんだ数本〜数十本の棒を、おもに親指ではじいてならします。棒のならべ方は地域によって異なり、真ん中に長いものがくるタイプ、ジグザグにならぶタイプ、平行にならぶタイプがあります。はじく部分が長いものほど音が低く、短いものほど高くなります。調律はつくり手やひき手、演奏する楽曲によって異なります。

・もっと知りたい・

地域でかわるよび名

ラメラフォーンは南アフリカの楽器メーカーが「カリンバ」という商品名で発売したことから、欧米や日本ではその名前で親しまれている。アフリカでは地域や民族により、リンバ、ムビラ、リケンベなどいろいろなよび名がある。

アフリカ

バラフォン

Balafon

バラフォンは、おもに西アフリカでつかわれている木琴の総称です。形状や大きさ、音階は地域や国により異なります。

音板
音板は地域によって水平なものと、内側にカーブしているものがある。

ひょうたん
ひょうたんには穴が開いており、打音を共鳴させる役割をしている。

写真提供：（すべて）
国立音楽大学
楽器学資料館

カメルーンのバラフォン。

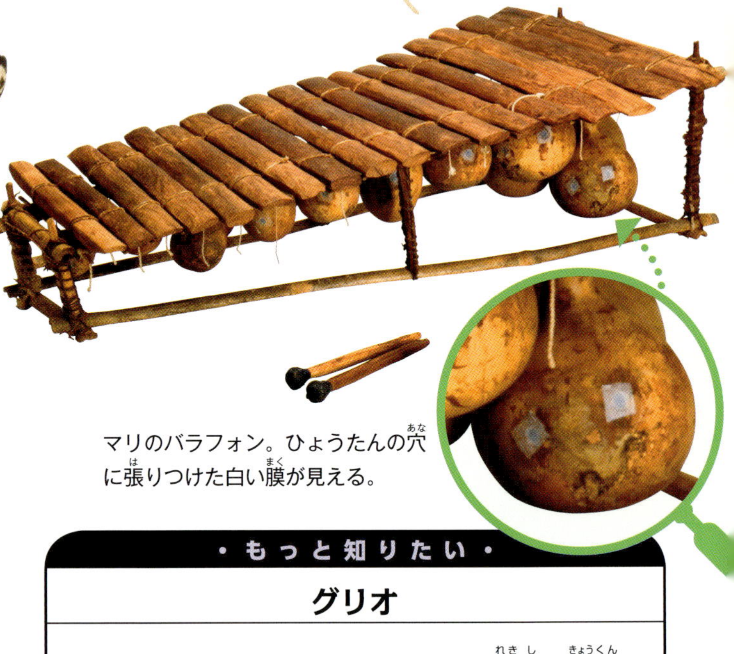

■ ビリビリする音が心地よい

バラフォンは木琴の一種で、音板となる木片の下に音を共鳴させるひょうたんが取りつけてあるのが特徴です。やわらかく優しい音色が持ち味ですが、ひょうたんに開けた穴にクモの卵のうの膜などを張りつけると、打音がビリビリと震えて独特の響きが生まれます。

マリのバラフォン。ひょうたんの穴に張りつけた白い膜が見える。

演奏方法

床に置いたバラフォンの前に座るか、バラフォンを台にのせて立ち、両手に持ったばちで音板を打って音を出します。音板の音階はその地域固有のものが多いですが、最近は西洋式に「ドレミファソラシド」の音階でつくられているものもあります。

・もっと知りたい・

グリオ

西アフリカには、音楽にのせて部族の歴史や教訓などを語り継ぐことを家業とする「グリオ」という家系があり、それぞれの家系ごとにつかう楽器が決まっている。バラフォンもグリオが演奏する楽器のひとつ。

アメリカ

ウォッシュボード

Washboard

誰でも知っている生活道具が楽器に変身！　かんたんそうですが、音の出るさまざまな道具を取りつけるなど、工夫もします。

■ 洗濯板といろいろな生活道具が結集

　表面がぎざぎざした洗濯板を、20世紀はじめのころのアメリカ南部のストリートミュージシャンがリズム伴奏につかうようになったと考えられています。本来の洗濯板は木製でしたが、よく響くように金属でつくられるようになり、金属のカップや灰皿、よび鈴、乗り物用ホーン、シンバルなどならしやすいものをにぎやかに取りつけたりします。手にも金属の指ぬきやびんの王冠をはりつけた手袋などをはめ、かきならします。

■ 演奏方法

　肩から下げたウォッシュボードを指ぬきや栓をつけた手袋をはめてかきならします。栓ぬきやスプーン、ジャンルによっては鋼線のブラシがつかわれたりもします。

ウォッシュボードがからだの前面に来るように肩からかける。「ラブボード」とよばれる、木の枠がなく、エプロンのように肩からかける部分も金属で一体化したタイプもある。

木枠の部分や上部の板の部分に音の出るさまざまな道具や楽器を自分で取りつける。

©norimutsu nogami

©Eengt Nyman

©Michael Pereckas

• もっと知りたい •

ぎざぎざをこする楽器はほかにも

　ぎざぎざをこするというきわめて単純な動作でおもしろい効果が出せるので、同じような楽器は世界各地に存在する。日本の棒ささら、韓国のオ、ブラジルのヘコヘコ（→p48）、ラテン音楽のギロなどがあげられる。庶民的な楽器という性格が強いが、オは虎の形につくられ、演奏最後の合図に儀式的につかわれる。

韓国の宗廟祭礼でつかわれるオ。

写真提供：
横井雅子

トリニダード・トバゴ

スティールパン

Steelpan

楽器を真上から見たところ。音の高さごとにつくられたくぼみがよくわかる。
写真提供：国立音楽大学楽器学資料館

カリブ海最南端の島国、トリニダード・トバゴの国民楽器。現地では単に「パン」ともよばれます。

■ ドラム缶でできた楽器

スティールパンはドラム缶の底に凹凸をつけ、打つ場所によって音程が変わるように加工した打楽器です。欧米や日本では「スティールドラム」というよび方で親しまれています。

奏方法

両手にばちを持ち、ドラム缶の上の面をへこませた部分を打って演奏します。スティールパンはテナー、ダブル・セカンド、ダブル・バスなど、音域の異なるものが何種類かあり、それらを組みあわせることでオーケストラでの合奏も楽しめます。トリニダード・トバゴで毎年開催されるカーニバルでは、100人以上での演奏が披露されています。

写真提供：国立音楽大学楽器学資料館

スティールパンの上の面には複数のへこみがつくられていて、打つ場所によって音程が異なる。へこみは「ドレミファソラシド」の順ではなくランダムにならんでいて、最も音域の高いテナーパンの場合、29音を出すことができる。

イギリスのロンドン西部ノッティングヒルのカーニバル。カリブ諸島からの移民によるスティールパンで有名。
写真提供：横井雅子

• もっと知りたい •

植民地で誕生

スティールパンは「20世紀最後につくられたアコースティック楽器＊」といわれている。1940年ごろ、当時イギリスの植民地だったトリニダード・トバゴで、楽器の使用を禁じられた黒人たちが楽器代わりにドラム缶をたたいていたとき、表面の凹凸により音の高さが変わることに気づき、スティールパンが生まれた。

＊電気装置を用いた音の増幅などをおこなわずに演奏される楽器。

西アジア、北アフリカ

ダラブッカ

Darbuka

ダラブッカはエジプトやトルコなどイスラム圏で愛好される太鼓です。広い地域でつかわれますが、ワイングラスのような形が共通します。

■ イスラム圏で人気の楽器

ダラブッカは下部が細くすぼまった形の太鼓で、ダラブッケ、タブラなどともよばれます。イスラム教が信仰される地域では古典音楽、民俗音楽、大衆音楽と幅広くつかわれ、人気の高い楽器です。最近は欧米のポップス音楽でつかうアーティストもいます。

演 奏方法

ダラブッカを利き手と反対側のひざの上にのせ、両手の指をつかってたたきます。たたく場所（皮の中央または縁）やたたき方で音色が変わるので、曲によってさまざまな音色、リズムを組み合わせてたたきます。たたき方、リズムは口で唱えて覚える方法が確立しています。

ヘッド
伝統的には羊や牛などの家畜、魚の皮がつかわれてきたが、最近は合成樹脂製のものも増えてきた。ヘッドの直径が大きいと低音になる。

胴
金属、陶器、木でつくられ、直径28cm、高さ45cm程度のものが一般的。

写真提供：
国立音楽大学
楽器学資料館

写真提供：横井雅子

親指以外の4本の指をまとめ、打面の真ん中よりやや外側の位置をたたく。

• もっと知りたい •
3つの奏法

ダラブッカの演奏スタイルには、エジプト式奏法とトルコ式奏法、トルコ式から発展したモダン奏法があり、それぞれにつかう指の本数やリズムパターンなどが異なる。エジプト式はリズムがわかりやすいので、ベリーダンスでは動きとの連動が取りやすいエジプト式がつかわれることが多い。

演奏者に聞いてみよう！

● タブラー奏者
逆瀬川 健治さん

東京生まれ。幼少時よりギターを学び、中学生時代にブラスバンドでトランペットを担当。学生時代にはいろいろなバンドでギターを担当。1977年にインド・ネパールの旅でタブラーに出会い、演奏家への道にすすむ。インドでの修業後、帰国して日本各地、インド、台湾、香港などで国内外の音楽家と共演。演奏活動やレコーディング活動、タブラーの指導など、多方面で活動をおこなっている。

演奏者に聞きたい♪タブラー・バーヤーンの魅力♪

Q タブラー・バーヤーンと出会ったきっかけは？

A 1977年にインド・ネパール旅行をした際に、ネパールの寺院で神様に捧げるバジャンという唄をきき、そのときにタブラー*1で伴奏しているのを見て、興味を持ったのが、きっかけです。また、故・小泉文夫先生の「世界の民族音楽」というラジオ番組でインド古典音楽をきいたのも、そのころのできごとです。

Q それまでに親しんでいた音楽と最も異なる部分はどういうところでしたか？

A 学生時代にはブラスバンドでトランペットを担当し、またフォーク、ロック、ブルースなどのバンドでギターを担当しました。インド音楽のリズムは、一拍目がはじまりであり終わりでもあるという考え方で循環していく点が、最も異なるところです。

Q タブラーはどこで習いはじめましたか？

A まず日本で二橋潤一氏に出会い、習いはじめました。二橋さんはパリの国立高等音楽院でオリヴィエ・メシアンに学んでいたころに、フランス在住のネパール人タブラー奏者のクリシュナゴビンダ氏に3年ほど学んだそうです。その後、わたしはカルカッタ（現・コルカタ）に行き、マハプルシュ・ミシュラ氏に8年間師事しました。インド修業中は、わけのわからないまま、師匠のいうとおりに稽古しました。レッスンは口伝えで、奏法を矯正していくように教えていただきました。

Q タブラー・バーヤーンを通して知ったインド音楽のおもしろさはどんなところにありますか？

A インド音楽はルールが決まっていますが、そのルールを守りながら自由に即興で展開していけるので、そのときどきの流れの中で臨機応変に演奏していけるところがおもしろいです。

*1 北インドの太鼓。バーヤーンとよばれる太鼓とともに用いられ、2つ一組でタブラーともいう。高い音を出すタブラー（木をくりぬいた胴）と、低い音を出すバーヤーン（金属か素焼きの胴）の組みあわせ。

- 細長いタブラーと丸いバーヤーンでワンセットとなる。
- 人差し指、中指、薬指、てのひら全体をつかって演奏する。打つ場所や方法によって音色が変わる。
- 打面の中央付近に、鉄の粉、米や麦などの粉を水などで練りあわせてつくったものを丸くぬる。その部分が重くなり、音色が変わる。
- 底が丸いので、動かないようにざぶとんの上にのせて演奏する。

Q これまで演奏してきたなかで印象に残っている舞台は？

コルカタで演奏したときに、自作のコンポジション*2 がうまく決まると、会場がものすごくわいて、手ごたえのある反応があったことが印象的でした。
オーケストラと共演をしたときには、指揮者の動きを見ながら合わせて演奏することに難しさを感じました。また、ジャズの人と演奏したときに、リハーサルと本番とでまったくちがう展開になって、どの曲をやっているのかわからなくなったこともありました。

Q この楽器のおもしろい部分、難しい部分、この楽器に向いている人とは？

おもしろい部分は、ルールを守りつつ自由に展開できるので、自分の考えで音楽をつくったりできるところですね。難しい部分は、伴奏の場合は相手の演奏に即興で対応していくので、速度も相手の演奏によって決まるために自分のペースでできないところです。ですから、この楽器に向いている人は相手の演奏に対して臨機応変に対応できる人だと思います。

好きなインド音楽の演奏者

マハプルシュ・ミシュラ（タブラー・バーヤーン）
師匠の演奏は自由自在ですばらしいです。

アリ・アクバル・カーン（サロード*4）
北インド音楽界の頂点ともいえる人で、師匠といっしょに演奏しているものもたくさんあります。

アノーケヘラル・ミシュラ（タブラー・バーヤーン）
師匠の師匠ですが、自由奔放な演奏は本当にすばらしいです。

Q インド音楽以外でタブラー・バーヤーンをどのように演奏活動の中に取りいれていますか？

基本的には打楽器としてさまざまなジャンルの音楽に対応できますが、チューニング（音合わせ）を主音（音階の最初の音）に合わせる必要があるので、転調*3 したりする音楽の場合は、チューニングを変えたタブラーをいくつか用意する必要があります。

タブラーの皮は、革ひもによって均等なバランスで張られていることが基本。演奏のとちゅうでもチューニングを合わせなおすことがあるよ。

チューニングはハンマーでたたいて皮の張りを変えておこなう。

● おすすめの曲とききどころ ●

①アリ・アクバル・カーン「Pre-dawn to Sunrise Ragas. Raga Bairagi（1967）」
レコードで20分以上の演奏ですが、かけ合いなどもあり、密度の濃い内容です。

②ヴィラヤット・カーン「Raga darbari kanada」
ラーガ*5 の王様といわれるラーガ・ダルバリですが、シタール*6 界の頂点と思えるヴィラヤット・カーンの表現力は、歌心を感じるすばらしいものです。

③アリ・アクバル・カーン「Raga kanara prakar（The 80 minute Raga, 1969）」
レコード2枚組で1曲という、当時としてはおどろくべき長さの曲でしたが、内容もすばらしい名演です。

---

*2 学んだことから新たなものを発展させて、構成した演奏。 *3 曲のとちゅうで調（ハ長調やイ短調など）を変えること。
*4 インドの弦楽器。北インドの古典音楽の中では最も有名とされる。 *5 特定の性格を持つ音のならび。 *6 北インド発祥の弦楽器。

🌊 西アフリカ

ジャンベ

Djembe

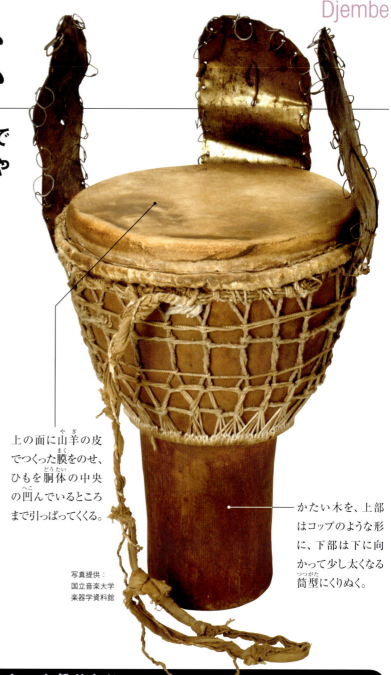

上の面に山羊の皮でつくった膜をのせ、ひもを胴体の中央の凹んでいるところまで引っぱってくる。

かたい木を、上部はコップのような形に、下部は下に向かって少し太くなる筒型にくりぬく。

写真提供：
国立音楽大学
楽器学資料館

かつてのマリ帝国の領土で愛好されてきた、生活や儀式に欠かせない太鼓です。

■世界中の人びとに知られる民族楽器

　西アフリカには複数の国に「マンディンカ」とよばれる人びとが住んでいます。13世紀初頭から17世紀半ばまで続いたマリ帝国の子孫で、かれらは今も独自の音楽文化を持っています。そのひとつがジャンベ（ジェンベ、ジンベとも）で、行事やお祝い、日常生活のさまざまな場面で幅広くつかわれてきました。

演奏方法

　立って演奏するときは肩からかけて、座って演奏するときは床に置いて打ちます。てのひら、手の上半分、指先をつかいわけて、低音、中音、高音を打ちわけます。

・もっと知りたい・

マンディンカの音楽は世界でも人気

　かつてのマリ帝国の地域の音楽や楽器は人気が高く、ジャンベは最近では、東南アジアのインドネシアで大量生産されたものが流通しているほどだ。とくに国境をこえてこの一帯（地図を参照）で幅広く活動してきた職業音楽家のグリオは、先祖代だい同じ楽器を受け継いで、その演奏法を今にまで伝えてきた。40ページのバラフォンや、美しいさわやかな音色の弦楽器コラなどもかれらが演奏する楽器だ。日本をふくむ世界各国で幅広く活躍する演奏家も少なくない。

■ 西アフリカのマンディンカ語圏

アメリカ　　　　　　　　　　　　　　　　　　　　　　　Kazoo

カズー

ブーブー紙を楽器にしたもの？　単純で安いのに演奏効果は抜群！

きちんと歌えるとうまく聞こえる

　セロファン紙などの薄紙を口にあてて「ブーブー」と音をたてるのを手軽な楽器にしたのがカズーです。アフリカにあった同様の楽器が19世紀中ごろにアメリカのアフリカ系住民によってつくられたとされます。口にくわえて歌って自分の声の振動を楽器に伝えますが、音程やメロディーは奏者の声そのままです。

クローズアップ！

じつはこの部分が大切。ここにセロファンのようなフィルムが張ってあり、人の声の振動が伝わることで発音する。

写真協力：横井雅子

写真のものはたて笛のような形につくってあるが、トランペットやサクソフォン型もある。管楽器のような形になっていればよく、いろいろな形でつくることができる。

この端を口にくわえて歌う。

演奏方法

　このタイプの場合、ふつう太い方の端を口にくわえて歌います。大事なのは「吹く」のではなく、「歌う」こと。最初はハミングのようにmmmとかbbbと発声すると、うまく振動させることができます。

・もっと知りたい・

最も手軽で誰でも楽しめる

　カズーは20世紀初頭にアメリカで、オリジナル・ディキシーランド・ジャズ・バンドなどのバンドでつかわれたことで人気を獲得した。ロックバンド・クイーンの「シーサイド・ランデブー」などでもつかわれている。だれでもとくに練習せずに音を出すことができておもしろい演奏効果が得られるので、ポピュラー音楽を中心にアマチュアの演奏家にも幅広く愛好される。

■ブラジル

Cuica

クイーカ

ブラジルのサンバに欠かせない楽器。「笑い声のよう」とか「くすぐったい音がする」と形容されます。

■同じ原理の楽器はほかの地域にも

クイーカは英語ではフリクション・ドラム、直訳すると「摩擦する太鼓」です。「ウヒウヒ」というような滑稽な音色を生みだし、ブラジルのサンバのリズムを特徴づける音と見なされていますが、世界各地で同じタイプの楽器が古くからつかわれています。ブラジルでは金属の胴体に皮を張り、その中央に取りつけられた木の棒やひもをこすります。ブラジルへはアフリカからの人びとが持ちこんだと考えられています。

演奏方法

楽器の皮が前にくるように左手でからだの前に持ちます。指先をしめらせたり、かたくしぼった布片を持ったりした右手で中央の棒をこすると、生まれた振動が皮を伝って響きます。楽器を持つ左手で皮をおして音を変化させることもあります。

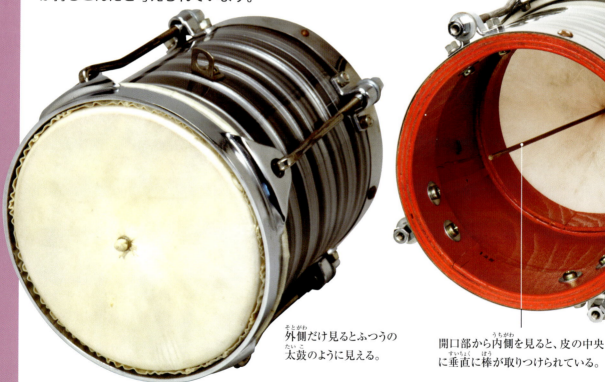

外側だけ見るとふつうの太鼓のように見える。

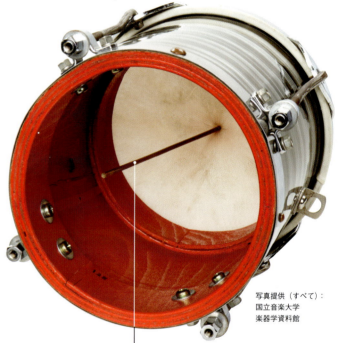

開口部から内側を見ると、皮の中央に垂直に棒が取りつけられている。

写真提供（すべて）：国立音楽大学楽器学資料館

・もっと知りたい・
サンバの楽器はどれも個性的

ブラジルのサンバではクイーカ以外にもおもしろい響きの楽器がつかわれる。ウォッシュボードのなかまヘコヘコ（→p41）もサンバらしいリズムを刻むし、ふたつの異なる音高（音の高さ）のベルがセットになったアゴゴの音色も欠かせない。ガンザとよばれる一種のガラガラ、サンバ・ホイッスルのアピートなどがくわわり、サンバににぎやかで浮きたつような雰囲気を増しくわえる。

■ ロシア

Theremin

テルミン

テルミンは約1世紀前に発明された、最古の電子楽器ともいわれています。楽器にふれることなく音を出すのが特徴です。

■ SFや恐怖映画の効果音にも重宝

テルミンはロシアの物理学者レフ・テルミンが開発した楽器です。本体から2本のアンテナがのびていますが、水平のループ型のアンテナが音量を、垂直の棒状のアンテナが音高（音の高さ）を制御します。アンテナに手を近づけたりはなしたりすると、距離によって電波の周波数が変化して、音高と音量がそれぞれコントロールできるしくみです。

本体には周波数の異なる高周波を発生させる回路がふたつ内蔵されている。これにアンプ（音を増幅する機器）をつなぎ、スピーカーを通して音を出す。

音高をコントロールするピッチアンテナ。

音量をコントロールするボリュームアンテナ。

演奏方法

楽器に向かってまっすぐに立ちます。ボリュームアンテナは手を遠ざける（上げる）と音量が大きくなり、手を近づけると音量が小さくなります。ピッチアンテナは手を近づけると音が高くなり、手を遠ざけると低い音が出ます。

・もっと知りたい・
どこからどこまでが楽器で、どこからどこまでが演奏者？

テルミンを演奏するときに演奏者以外の人が近くにいると演奏に支障が出てしまう。テルミンは楽器本体にふれずに演奏するため、ほかの楽器では考えられないこのような面がある。そもそも楽器と演奏者の境界があいまいな楽器でもある。テルミンの前に人が立つと、体が回路の一部となり、手を動かすことで周波数に変化がおこり、音量や音高を変える。その意味でもほかに類を見ない楽器といえるだろう。

韓国の合奏音楽

サムルノリ

Samul nori

サムルノリは、昔の韓国の農村で豊作の祈願や収穫の感謝の際に演奏され、演じられてきたノンアッ（農楽）とよばれる伝統芸能をベースに、現代の生活の中でも楽しめるようにしたものです。

■ 伝統の芸能と思想を現代に生かす

サムルノリの「サムル」は漢字で「四物」と書き、まさに4種の打楽器をさします。「ノリ」は韓国語で「遊び」を意味し、4種類の楽器がたわむれるように生みだす、韓国ならではのパワフルな響きをイメージさせる名称です。このアンサンブル（合奏）の形は、1978年に4人の伝統楽器の奏者によって生みだされました。ノンアッ（農楽）のリズムを体系化して舞台用に再構築し、ステージでの公演に耐えるレパートリーをつくりあげたのです。

伝統を大事にする韓国ならでは、と感じられる部分がサムルノリにもあります。皮を張った2種類の太鼓、プッとチャングは「地」をあらわす楽器、2種類の金属製楽器、クェンガリとチンは「天」をあらわすとされ、この4種が天地のバランスを示しています。また、プッの力強い音は大らかな雲を、チャングの細やかな音は雨を、はげしく大きい音のクェンガリは雷を、包容力のあるチンの音色は風を象徴するともいわれますが、このような象徴性はサムルノリの元になったノンアッが農村と密接にかかわってきたことを教えてくれます。

4種類の打楽器だけで、はげしく躍動的なリズムをつくりだす。

最近は都市部の祝い事でも、ノンアッに代わるサムルノリを見かけるようになっている。

・もっと知りたい・
世界に広がるサムルノリ

韓国ではサムルノリがきっかけで伝統音楽に目を向ける若者も増えているし、都市のお祭りやイベントでもサムルノリは欠かせない存在となっている。

はじめられてからまだ40年ほどしかたっていないが、きく人にもエネルギーをわけるような力強さと楽しさが人気を博し、今では世界中で親しまれている。

演奏方法

サムルノリは4つの打楽器を組みあわせた3拍子のアンサンブルで、最初はゆっくりとしたテンポではじまり、徐々に速度がアップし、最後は速く短いリズムで終わります。演奏のほか、「チュイムセ」とよばれる観客と演奏者との掛け合いも見どころのひとつです。

ガムラン

インドネシアの合奏音楽　Gamelan

金属製打楽器を中心とした合奏は、東南アジアの地域的な特徴です。ガムランは「打つ」という言葉に由来しています。文字どおり、打楽器が活躍します。

ジャワ島やバリ島に伝わる

「ガムラン」はこの合奏でつかわれる楽器の総体を示す言葉であると同時に、それらが生みだす音楽のことも示しています。地域によってつかわれる楽器や合奏の規模が異なりますが、打楽器、とくに金属でつくられたものが主体になっていることは共通しています。

金属製打楽器には、板状の金属がならべられる音板楽器と、銅鑼のようなタイプとがあります。音板楽器はさらに木枠の上にならべられるものと、音板をひもでつなげてぶら下げるもの、銅鑼はお盆状のものを下げて打つものと、お椀のような形のものをふせて置くものとにわかれます。金属の種類、形状、配置、ばちの材質などのちがう多様な楽器がガムランにはつかわれ、個性豊かな音色の特徴が生まれます。これら金属楽器に異なるアクセントをあたえるのが合奏をリードする皮の太鼓クンダン、ルバブとよばれる弓でこする楽器、スリンとよばれる竹の笛です。

❶音板楽器のガンサ　❷対でつかう太鼓クンダン　❸竹の笛スリン
❹お椀のような形の銅鑼レヨン

写真提供：国立音楽大学
写真協力：インドネシア国立芸術大学デンパサール校

演奏方法

ガムランは金属製の打楽器を中心に、太鼓、笛、弦楽器などを組みあわせたアンサンブルで演奏します。指揮者はおらず、演奏者がそれぞれに互いの音を聞きあいながら演奏を進めていきます。

・もっと知りたい・
さまざまな場面で活躍する音楽

バリ島に住む人びとは多神教のヒンドゥー教を信じていて、その神がみとかかわりの深い芸能がガムランを伴奏に演じられる。トペンとよばれる仮面をつけた芝居、影絵人形芝居のワヤンなどは、神がみに奉納されると同時に、人びとの娯楽として親しまれている。

トルコの合奏音楽

メフテル

Mehter

強大なオスマン帝国の「音響兵器」とよばれ、今も昔もトルコで人気です。一般の人びとにも愛され、存亡の危機を乗りこえました。

❶ナッカラ ❷ダウル（左）とズィル
❸キョス（中央）とチュヴゲン（奥） ❹ボル（左）とズルナ

写真提供：横井雅子

■伝統的な軍楽隊

メフテルの元となる軍楽隊はオスマン帝国*以前からあったとも伝えられています。軍楽隊は軍隊を音楽的に統率するだけでなく、戦地にいる兵士の祈りを先導したり、民謡の伴奏をしたり、幅広い役割を果しました。

メフテルはトルコの近代化の中で、いったん廃止されました。しかし、人びとのあいだで人気があったのでオスマン帝国末期に見直され、トルコの音楽的伝統の一部として復活しました。

写真提供：横井雅子

演奏方法

主要な役割をになうのはダブルリードの楽器ズルナ（→p24）で、よく通る音色でメロディーを演奏します。もうひとつの管楽器ボルは、いわゆるトランペットです。ほかはすべて打楽器で、トルコの名産であるシンバルのズィル、小型のティンパニがふたつセットのナッカラ、大太鼓のダウル、ティンパニの原型にあたるキョスです。これらが輪郭のはっきりした音、軽やかなリズム、どっしりとした拍を打ちわけて、印象に残る音楽をつくりあげます。歌い手が持つ小型ベルつきの杖チュヴゲンは、きらびやかで華麗な雰囲気をつくりだします。

・もっと知りたい・
トルコ行進曲

有名なモーツァルトの「トルコ行進曲」。ピアノ曲だが、モーツァルトは当時のヨーロッパで大流行していたオスマン帝国（トルコ）の軍楽隊の音楽をイメージしてこの曲をつくった。16世紀から17世紀にかけてヨーロッパに遠征したオスマン軍に同行していたメフテルは、強力な軍隊の印象をさらに強める役割を果たし、ヨーロッパの人びとの記憶に残っていた。打楽器類が生みだす強く荒あらしいリズムは当時のヨーロッパでは新鮮に響き、その雰囲気を持つ「トルコ風」の音楽がさかんにつくられるきっかけになった。

* 1299〜1922年まで存在したトルコ族の国。17世紀にはアジア、ヨーロッパ、アフリカにいたる広大な領土を持った。

南アメリカの合奏音楽

フォルクローレ

Folclore

サンポーニャ。
アルパ。
小型ギターのチャランゴ。
写真提供（すべて）：国立音楽大学楽器学資料館

フォルクローレ（民俗的な）という名称を持つために、伝統的な音楽と受けとめられがちですが、じつは南アメリカの歴史を象徴するように、由来の異なる楽器がまざりあっているのです。

■ 先住民は弦楽器を知らなかった？

　フォルクローレではケーナとよばれる葦のたて笛、長さの異なる管をたばねた笛サンポーニャ、ボンボとよばれる皮を張った太鼓、リャマの爪などをたくさんたばねて振って音を出すチャフチャスのように、インカ時代からアンデス山脈周辺に住んでいた先住民のインディオたちがつかってきた楽器がふくまれます。インディオたちには弦楽器という発想がなかったといわれ、伝統的には管楽器と打楽器だけで音楽づくりをしていました。
　16世紀にスペインによって南アメリカが征服され、植民地化されると、入植＊してきたスペイン人が持ちこんだ楽器が徐々に浸透していきます。とくにギターを現地の動物アルマジロの甲羅を利用して地域独自なものにしたチャランゴ、現地化したハープであるアルパなどは、今ではフォルクローレに欠かせない楽器となっていますが、これらはヨーロッパからの外来の楽器なのです。

＊植民地に移り住むこと。

演奏方法

　フォルクローレの演奏に用いられる楽器は、チャランゴ、現地化したマンドリン、ギター、バイオリン、アルパ（ハープの一種）など、スペイン系の起源を持つ弦楽器や、ケーナ、サンポーニャ、ロンダドールなど先住民系の起源を持つ管楽器など。おもにメロディーを奏でる役割をになうケーナは、起源がインカ文明以前にさかのぼるといわれています。

・もっと知りたい・

アウトクトナ音楽

　16世紀に滅びてしまったインカ帝国だが、先住民がインカ時代から受け継いでいたスタイルを持っているとされる「アウトクトナ音楽」もある。伝統的な祭事や儀式のための音楽だったと考えられ、外来の楽器である弦楽器をつかわずに、インディオがもともと持っていた笛や太鼓で演奏される。最近では本来の伝統として尊重されるようになってきている。

写真提供：白崎良明／アフロ

フォルクローレでは、由来の異なる楽器がいっしょに演奏される。

さくいん

あ行

アイヌ …………………………………… 37
アウトクトナ音楽 ……………………… 53
悪原至 …………………………………… 14
アコースティック楽器 ………………… 42
アコーディオン ………………………… 25
アゴゴ …………………………………… 48
アジア ………………………… 18、19、24
アフリカ ……………… 16、36、39、47、48
安倍圭子 ………………………………… 15
アボリジナル・ピープル ……………… 27
アメリカ ……………… 10、13、16、47
アメリカ南部 …………………………… 41
アラブ ………………………………… 6、31
アルゼンチン …………………………… 25
アルゼンチンタンゴ …………………… 25
アルパ …………………………………… 53
二胡 ……………………………………… 28
アルブレヒツベルガー,ヨハン ……… 37
アンティークシンバル ………………… 17
アンデス山脈 …………………………… 53
イギリス ………………………………… 42
イスラム教徒 …………………………… 26
イスラム圏 ……………………………… 43
イラク …………………………………… 24
イラン …………………………………… 31
インカ帝国 ……………………………… 53
インディオ ……………………………… 53
インド ………………… 24、25、37、44
インド音楽 …………………… 30、44、45
インドネシア ……………………… 46、51
ヴィーナ ………………………………… 30
ウード …………………………………… 31
ウォッシュボード ………………… 41、48
ウッドブロック ………………………… 17
ウルグン ………………………………… 34
エジプト …………………………… 31、43
エレキ三味線 …………………………… 21
エレクトリックギター ………………… 21
オ ………………………………………… 41
欧米 …………………………… 39、42、43
オーケストラ ………… 6、8、9、11、
　　　12、16、17、19、21、22、33、
　　　37、42、45
オーストラリア ………………………… 27
大太鼓 ………………… 4、5、9、14、16
オスマン帝国 ………………… 9、16、52
親指ピアノ ……………………………… 39
オルティンドー ………………………… 19
音板 …………………… 12、13、17、40、51
音律 ………………………………… 4、5、17

か行

カーン,アリ・アクバル ……………… 45
カーン,ヴィラヤット ………………… 45
高胡 ……………………………………… 28
雅楽 ……………………………………… 22
カシシ …………………………………… 36
カズー …………………………………… 47
カスタネット ………………………… 5、11
合奏 ……………………………………… 19
ガット弦 ………………………………… 18
カポエイラ ……………………………… 36
ガムラン ………………………………… 51
カヤグム ………………………………… 29
カリンバ ………………………………… 39
韓国 …………………… 29、38、41、50
ガンサ …………………………………… 51
ガンザ …………………………………… 48
カンテレ ………………………………… 20
カンリン ………………………………… 23
北アフリカ …………………… 24、26、31
北インド ……………………… 30、44、45
絹弦 ……………………………………… 18
キム ……………………………………… 33
気鳴楽器 ………………………………… 19
京劇 ……………………………………… 28
共鳴器 …………………………………… 30
共鳴胴 …………………………………… 28
共鳴箱 …………………………………… 22
キョス …………………………………… 52
ギロ ……………………………………… 41
クイーカ ………………………………… 48
クイーン ………………………………… 47
クェンガリ ……………………………… 50
クラシック（音楽） ………… 11、33、37
グリオ ……………………………… 40、46
グロッケンシュピール ………………… 17
軍楽隊 ………………………… 9、16、52
クンダン ………………………………… 51
ケージ,ジョン ………………………… 15
ケーナ …………………………………… 53
ケーン …………………………………… 22
弦鳴楽器 ………………………………… 19
口琴 ……………………………………… 37
胡弓 ……………………………………… 28
コジョウ・ヴェセルヌ ………………… 26
小太鼓 ………………… 4、5、8、10、14、15、16
古代ペルシャ …………………………… 24
古典音楽 ………………………………… 43
箏 ……………………………………… 20、29
コラ ……………………………………… 46
コンサートバスドラム ………………… 9

さ行

棹 …………………………… 28、30、31
逆瀬川健治 ……………………………… 44
サムルノリ ……………………………… 50
サラスヴァティー ……………………… 30
サンバ・ホイッスル …………………… 48
サンポーニャ …………………………… 53
ジグジッドドルジ ……………………… 35
シャーナーイ …………………………… 24
ジャズ ………………… 8、10、13、16、45
ジャミヤン ……………………………… 35
ジャワ島 ………………………………… 51
ジャンツァンノロブ,N ……………… 35
ジャンベ ………………………………… 46
ジューズハープ ………………………… 37
循環呼吸 …………………………… 24、27
笙 ………………………………………… 22
ジョフロワ,ジャン …………………… 15
新羅琴 …………………………………… 29
シロフォン …………… 12、15、16、17
人骨 ……………………………………… 23
シンセサイザー ………………………… 21
シンバル … 5、10、11、14、16、41、52
京胡 ……………………………………… 28
吹奏楽 …………………… 8、9、11、12
ズィル …………………………………… 52
ズクラ …………………………………… 26
スティールドラム ……………………… 42
スティールパン ………………………… 42
スティック …………………………… 8、11
ストリートミュージシャン …………… 41
スネアドラム ………………………… 8、11
スペイン …………………………… 11、53
スリン …………………………………… 51
ズルナ ……………………………… 24、52
スレイベル ……………………………… 17
西洋音楽 …………… 16、18、19、21、28
セーラシ ………………………………… 35
ソングマン ……………………………… 27

た行

タイ …………………… 18、22、33
大衆音楽 ………………………………… 43
体鳴楽器 ………………… 4、5、17、19
ダウル …………………………………… 52
タブラー・バーヤーン ……………… 44、45
ダブルリード ……………………… 24、52
ダマル …………………………………… 23
ダラブッカ ……………………………… 43
ダルシマー ……………………………… 33
ダンパーペダル …………………… 13、33

タンブリン･････････････5、11、16	ハチャトゥリアン･････････････････15	マリ帝国･･････････････････････46
チベット仏教･･････････････････23	馬頭琴（モリンホール）･･････19、21、34、35	マリンバ･･････4、5、12、14、15、16
チャイム････････････････････17	バラフォン･･････････････････40、46	マレット･･7、9、12、13、15、16、17
チャフチャス･････････････････53	バラライカ･･････････････････････21	マンディンカ････････････････････46
チャランゴ･･･････････････････53	バリ島･････････････････････････51	マンドリン･･････････････････････53
チャルメラ･･････････････････24	ハルモニウム････････････････････25	ミシュラ，アノーケヘラル････････45
チャング･･･････････････････50	ハンガリー･･････････････････････26	ミシュラ，マハプルシュ･･･････････45
チャンドラー，ディー・ディー･････10	バンドネオン･･･････････････････25	南アフリカ･･････････････････39
チュイムセ･････････････････50	バンド，ハインリヒ･･････････････25	南アメリカ･･････････････25、53
中央アジア･････････････････18	板胡･･････････････････････････28	南インド･･･････････････････30
チュヴゲン･････････････････52	ピアノ･････････････････････12、33	民俗音楽･････････････22、33、43
中国･･････････17、18、22、28、31、33、38、41	ビーター･････････････････････11	民族音楽･･･････････････････44
チュニジア･････････････････26	ビオラ・ダ・ガンバ･･････････････18	ムックリ･･･････････････････37
朝鮮半島･･････････････18、29、38	東アジア･････････････････18、22	ムビラ･････････････････････39
宗廟祭礼･････････････････38、41	琵琶･･････････････････････････31	ムルチャン･･････････････････37
チン･････････････････････50	ビブラフォン･･････････4、5、13、15、16	メフテル･････････････････24、52
ディジュリドゥ･･････････････27	ピョンギョン･･･････････････････38	モーツァルト･･････････････16、52
テイバー･･･････････････････8	ピョンジョン･･････････････････38	木琴･････････････12、13、40、51
ディン・ナム･････････････････22	ビリンバウ･･････････････････････36	モンゴル･･････････････19、21、34、35
ティンパニ････4、5、6、7、15、16、52	ヒンドゥー教･････････････････51	**や行**
テメルチドゥル･････････････35	フィンランド･･････････････････20	揚琴･･･････････････････････33
テルミン･･････････････････49	フォルクローレ･････････････････53	弓･･･････････････････････28、34
テルミン，レフ････････････49	プッ････････････････････････50	ヨーロッパ･････6、8、9、16、18、24、26、31、32、33、37、52、53
電鳴楽器･････････････････19	ブラシ･････････････････････････8	**ら行**
ドイツ･････････････････････25	ブラジル･････････････36、41、48	ラヴェル･･･････････････････15
ドゥダ･･･････････････････26	フラメンコ･･････････････････････11	ラオス･････････････････････22
東南アジア･･････････18、22、46、51	フラメンコカスタネット･････････11	ラテン・アメリカ････････････16
トペン･･････････････････51	フレット･････････････････30、31	ラテン音楽･････････････････41
銅鑼･･･････････････････17、51	ベートーベン････････････････37	ラナート・エク･････････････18
トライアングル･･････････4、5、11、16	ヘコヘコ･････････････････41、48	ラメラフォーン･････････････39
ドラムセット･･････8、9、10、11、16	ベトナム･････････････････････22	リード･･･････････22、24、25、26
トリニダード・トバゴ･･････････42	ベリーダンス････････････････43	リード・オルガン･･･････････25
トルコ･･････････24、31、43、52	ペルシャ･･･････････････････31	リケンベ･･･････････････････39
トルコ行進曲･･････････････52	弁････････････････････････37	リュート･･･････････････････31
ドローン管･･･････････････26、32	編磬･･････････････････････38	リンバ･････････････････････39
ドローン弦･･･････････････32	編鐘･･････････････････････38	芦笙･･････････････････････22
な行	棒ささら･････････････････41	ルバブ･････････････････････51
ナッカラ･･････････････････52	ポーランド･･････････････････26	レヨン･････････････････････51
西アジア･･････････18、24、26、31	ポップス･････････････8、10、43	ロシア･･････････････････21、49
西アフリカ･･････････････40、46	ポピュラー音楽････9、10、11、21、27、33、47	ロック･･････････････8、10、21
日本･･･18、20、21、22、24、28、29、30、31、39、41、42、44、46	ボラグ，チ･･･････････････35	ロンダドール･･････････････53
は行	ボル････････････････････52	**わ行**
ハーディ・ガーディ･･････････32	ボンボ･･････････････････53	ワヤン･････････････････････51
ハーモニカ･････････････････25	**ま行**	
ハイドン･･･････････････････16	マーチングバンド････････････8	
バグパイプ･････････････26、32	膜鳴楽器･･････････････4、5、19	
バケッタ･･･････････････････36	マケドニア････････････････21	
	マラカス･･････････････････36	

- **監修**

  国立音楽大学／国立音楽大学楽器学資料館

- **監修主幹**

  中溝一恵（なかみぞかずえ）（第1巻～第3巻担当）

  国立音楽大学楽理学科卒業。同大学楽器学資料館学芸員を経て現在、国立音楽大学教授・楽器学資料館副館長。

  横井雅子（よこいまさこ）（第4巻・第5巻担当）

  桐朋学園大学音楽学部作曲理論学科卒業。東京藝術大学大学院音楽研究科音楽学専攻修了。現在、国立音楽大学教授・楽器学資料館館長。

  神原雅之（かんばらまさゆき）（第6巻担当）

  国立音楽大学教育音楽学科卒業。広島大学大学院学校教育研究科音楽教育専攻修了。2004年から国立音楽大学教授（2018年3月退任）。

- **協力**

  国立音楽大学

- **執筆**

  横井雅子（世界の楽器）

- **監修・執筆・取材協力**

  悪原 至（打楽器）

- **取材協力**

  ウルグン（馬頭琴）、逆瀬川健治（タブラー・バーヤーン）

- **撮影協力**

  不動真優（テルミン）

この本の情報や演奏者の所属は、2018年2月時点のものです。今後変更になる可能性がございますので、ご了承ください。

- **編集・デザイン**

  こどもくらぶ

  （二宮祐子・関原瞳・矢野瑛子）

- **制作**

  （株）エヌ・アンド・エス企画

- **演奏者撮影**（p34～35、p44～45）

  小島真也

- **写真協力**（敬称略）

  国立音楽大学楽器学資料館、ヤマハ株式会社、横井雅子

  p5、11：カスタネット／©Alex Grean-Fotolia.com
  p8：ブラシ／©overdriven-Fotolia.com
  p25：ハルモニウム／©Smileus-Fotolia.com
  p27：ティジュリドゥの演奏／©Dmitry Chulov ¦ Dreamstime.com
  p28：二胡の演奏／©Jianbinglee ¦ Dreamstime.com
  p36：Cassiohabib / Shutterstock.com
  p37：©Sissen2011 ¦ Dreamstime.com
  表紙：ティンパニ／ヤマハ株式会社
  　　　バグパイプ、馬頭琴、バラフォン、ダラブッカ／国立音楽大学楽器学資料館
  大扉：ハーディ・ガーディ／国立音楽大学楽器学資料館
  裏表紙：ビブラフォン／ヤマハ株式会社

- **おもな参考文献**

  ジーグラー、ロバート『世界の音楽大図鑑』河出書房新社、2014年
  柘植元一、植村幸生編『アジア音楽史』音楽之友社、1996年
  徳丸吉彦、北中正和、渡辺裕、高橋悠治編『事典 世界音楽の本』岩波書店、2007年
  『人間と音楽の歴史』第1巻「オセアニア」、第2巻「イスラム」、第3巻「東南アジア」、第4巻「南アジア：インドの音楽とその伝統」、第9巻「中央アジア」、第11巻「西アフリカ」音楽之友社、1985～1993年
  The Grove Dictionary of Musical Instruments. 2nd ed. Oxford University Press, 2014.
  The New Grove Dictionary of Music and Musicians. 2nd ed. Macmillan, 2001.
  Abraschew, Boschidar. The Illustrated Encyclopedia of Musical Instruments: From All Eras and Regions of the World. Könemann, 2000.

演奏者が魅力を紹介！ 楽器ビジュアル図鑑 **4 打楽器・世界の楽器** ティンパニ 馬頭琴 ほか　　N.D.C.763

2018年4月　　第1刷発行
2025年2月　　第3刷

監修	国立音楽大学／国立音楽大学楽器学資料館
編	こどもくらぶ
発行者	加藤裕樹　　編集　浦野由美子
発行所	株式会社ポプラ社
	〒141-8210　東京都品川区西五反田3-5-8　JR目黒MARCビル12階
	ホームページ www.poplar.co.jp
印刷	株式会社瞬報社
製本	株式会社難波製本

Printed in Japan

- 落丁・乱丁本はお取り替えいたします。
- ホームページ（www.poplar.co.jp）のお問い合わせ一覧よりご連絡ください。
- 本書のコピー、スキャン、デジタル化等の無断複製は著作権法上での例外を除き禁じられています。
  本書を代行業者等の第三者に依頼してスキャンやデジタル化することは、たとえ個人や家庭内での利用であっても著作権法上認められておりません。

55p 29cm
ISBN978-4-591-15744-2

演奏者が魅力を紹介！
楽器ビジュアル図鑑
全6巻

1 弦楽器・鍵盤楽器
バイオリン ピアノ ほか　55ページ　N.D.C.763

2 木管楽器
フルート サクソフォン ほか　55ページ　N.D.C.763

3 金管楽器
トランペット ホルン ほか　47ページ　N.D.C.763

4 打楽器・世界の楽器
ティンパニ 馬頭琴 ほか　55ページ　N.D.C.763

5 日本の楽器
箏 尺八 三味線 ほか　47ページ　N.D.C.768

6 いろいろな合奏
オーケストラ 吹奏楽 ほか　47ページ　N.D.C.764

監修 国立音楽大学／国立音楽大学楽器学資料館
編 こどもくらぶ

小学校中学年〜中学生向き
A4変型判
図書館用特別堅牢製本図書

ポプラ社はチャイルドラインを応援しています

18さいまでの子どもがかけるでんわ
チャイルドライン®
0120-99-7777
毎日午後4時〜午後9時　※12/29〜1/3は休み
電話代はかかりません　携帯（スマホ）OK

18さいまでの子どもがかける子ども専用電話です。
困っているとき、悩んでいるとき、うれしいとき、
なんとなく誰かと話したいとき、かけてみてください。
お説教はしません。ちょっと言いにくいことでも
名前は言わなくてもいいので、安心して話してください。
あなたの気持ちを大切に、どんなことでもいっしょに考えます。

チャット相談は
こちらから

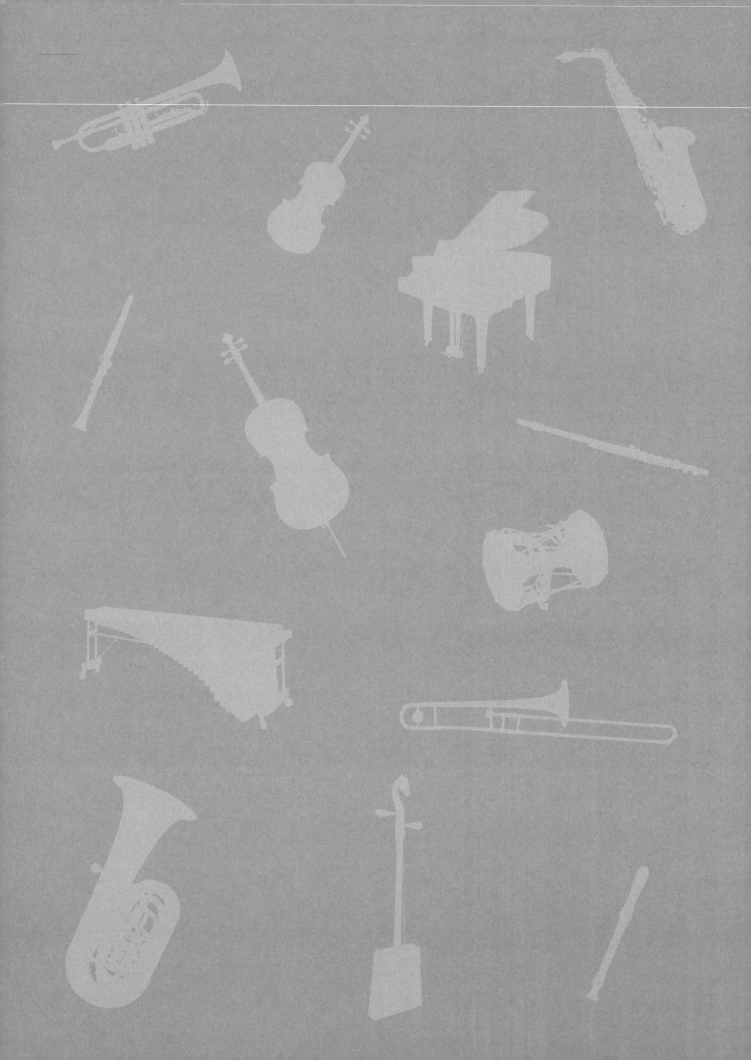